AA – 1025

Memorias de un antiapóstol

La increíble historia de un comunista que se convirtió en sacerdote para infiltrar y destruir la Iglesia Católica desde adentro.

Sobre la autora

Marie Carré (1905-1983),francesa, conocida por su conversión del calvinismo al catolicismo en 1964 y por su ensayo.

Fue autora de una *teoría de conspiración* anticomunista, publicada en mayo de 1972, *E.S. 1025, Memorias de un anti-apóstol*, que señalaba la infiltración de agentes comunistas en la Iglesia católica. El libro de Marie Carré es popular en los círculos relacionados con el catolicismo tradicionalista, el revisionismo histórico, las teorías de conspiración y nacionalismo cristiano. Ha sido traducido en varias lenguas con éxito notable.

Son de manera presumida las memorias de un agente comunista de Unión Soviética que se infiltró dentro de la Iglesia Católica en 1938, fue al seminario, se ordenó sacerdote y ejercía enorme poder detrás de las escenas, y participó en el Concilio Vaticano II.

Logró fomentar la adopción de documentos ambiguos del Concilio, los cuales trazaron la base para futuros experimentos por parte de prelados y sacerdotes ingenuos. Él declaró: "El *Espíritu del Concilio* para mí se ha convertido en un triunfo magistral". No se conoce la identidad verdadera de este agente excepto por el número de código *AA-1025/ES 1025* dado por la policía secreta de Unión Soviética.

.

ÍNDICE

Introducción

¿Cómo se empieza a escribir un libro cuando no se es escritor? O mejor, ¿cómo explicar que una considera que es su deber publicar estas memorias... memorias tan terribles? ¿Y precisamente porque son memorias terriblemente preocupantes?

Digamos que estas páginas son un llamado a todos los católicos de este tiempo en forma de un prólogo, o tal vez se podría decir en forma de confesión. Sí, de una "confesión" en lo que me concierne, pobre de mí, miserable, justo la palabra que hoy en día nadie desea utilizar. Y cuando hablo de "nadie" me refiero a aquéllos que creen ser inteligentes al adaptarse al mundo actual, y aún del mundo del mañana.

En lo que a mí respecta, aún no he encontrado una palabra arqui-banal para explicar mi posición. Diría yo, que este gusto actual no significa más que cenizas para mí.

Señor Mío, Tú sabes muy bien que creo firmemente que Tú eres fortísimo. ¿Acaso hay que explicarlo? Sí, hoy en día, sí... creo que es imperante, porque las personas sólo ponen su confianza en el poder del hombre... poder que envía cohetes al espacio pero que deja morir de hambre aquí en la tierra... poder que hace trabajar a la máquina, pero hace de ella un instrumento para esclavizar al ser humano aplastado... un poder que pretende no tener necesidad de Dios, pero que hace trampa al hablar de la

Creación del mundo.

¡Es necesario que me calle, es necesario que me calme! Todo lo que escribí antes está destinado a retardar (por pudor) el momento en donde debo presentarme al lector, pero el momento ha llegado. Soy una pobre enfermera, que ha visto morir a muchas personas y que aun así, cree en la Misericordia de Dios. También soy alguien que experimenta seguido la Voluntad del Invisible sin resoplar.

Solo soy una simple enfermera que en un país del cual no diré el nombre y en un hospital que debe permanecer anónimo, vio morir, debido a un accidente automovilístico, a un hombre sin nombre, sin nacionalidad... un hombre sin papeles.

Sin embargo, había en su portafolio papeles que me vi obligada a revisar. Uno de ellos comenzaba de esta forma: "Yo soy el hombre que no tiene nombre, el hombre sin familia, sin patria y sin herencia"... Pero este texto, en apariencia, leído al azar en un centenar de páginas mecanografiadas, no daba ninguna pista para poder identificar al herido. Pero, ¿quién puede saberlo? En fin, siendo honesta, ya que he hablado de confesión, voy a hablar con total franqueza: tuve ganas de leer esas notas íntimas desde el principio y cedí a esa tentación. Ya no podía dudar y dejé que mi curiosidad femenina sofocara mis escrúpulos de enfermera. No podía imaginar que iba a poner las manos en un documento que me irritaría y me abrumaría en sobremanera porque este texto era demasiado importante y decía cosas tan graves como para ser arrojado al fuego, un documento "actual" que no podía caer en las manos de cualquiera.

Parecía demasiado bueno para ser real, que yo, específicamente yo, una antigua protestante convertida a la Santa Iglesia Católica e Inmortal, una Iglesia donde únicamente es necesario practicar una pequeña (o grande) perseverante santidad, hubiera encontrado el manuscrito y que no hiciera lo posible por defender mi Santa Iglesia ante todo. ¡Oh! Sé bien que Dios no tiene necesidad de ser defendido, no tiene necesidad de mí, pero también sé, que Él hubiera podido dejarme en el error, en la tristeza de preguntas sin respuestas, en la atmósfera de soberana desfachatez que mantienen por ejemplo, desde hace cuatro siglos, los católicos de Irlanda en sus guetos, donde las leyes (supuestamente legítimas y sagradas) funcionan en realidad como alambre de púas. No porque yo sea Irlandesa, no busquen quien soy yo porque no me encontrarán jamás. Pero los irlandeses, sin saberlo, me han ayudado a hacer prueba de un poco de valor y que al menos, eso sea un pequeño testimonio de aquello que las almas de gran sabiduría y de alto grado olvidan hacer.

El herido no era irlandés, tampoco parecía más o menos esclavo. ¡Pero no importaba porque de todas formas no podía hablar! Intenté por todos los medios que él me diera información suya pidiéndole que cerrara los párpados cada vez que la respuesta a la pregunta fuera "sí". Cuando hice esto, aún no había leído los documentos que él traía, pero él no quiso o no tuvo las fuerzas para responder a mis preguntas... ¿cómo poder saberlo?

Fue después de su muerte cuando me di cuenta (al leer sus documentos) que él debía haber sufrido mucho más allá del dolor provocado por sus heridas y fracturas, pensando en aquéllas cien páginas que nunca habría debido tener la debilidad de escribir.

Si hubiera conocido el poder inmenso y la increíble importancia del hombre reducido al estado de marioneta dislocada, hubiera podido encontrar las palabras que él necesitaba oír, hubiera podido destruir el caparazón que se inventó para esconder su despecho (porque no se puede decir únicamente sufrimiento). Un caparazón construido por años, que puede ser destruido en una centésima de segundo. Dios lo sabe, al igual que los Santos.

Yo estaba dedicada únicamente a mi "trabajo de enfermera"... en fin, la verdad no es del todo cierto, ya que para mí (y esto no se encuentra ni en los libros, ni en cursos ni en mis exámenes) el sacerdote es complemento del soporte médico, al ser él el soporte de la salud del alma. Y rezaba para que este hombre (que no tenía ningún documento que lo identificara) tuviera algún sacerdote que lo asistiera.

Le di un nombre, lo llamaba Miguel porque este Arcángel me ha ayudado a menudo, y además, su nombre me consuela a pesar de ver estas nuevas ceremonias religiosas tan ruidosas como nuestras calles, nuestros estadios y nuestros radios... a pesar de todas las nuevas palabras a las cuáles les dan el adjetivo de vernáculas y se utilizan en las misas actuales con la finalidad de impresionarnos y callarnos... todo esto no es más que comedia, todos los discursos donde nos invitan a participar y que sólo disfrazan una burla que intenta hacerse pasar por un autoritarismo irónico y cruel pero capaz de volverse contra sí mismo.

Es así que yo rezaba por este hombre, llamándolo "Miguel" sin saber que era uno de nuestros peores enemigos. Lo hacía según mi deber de cristiana, rezando y pidiendo por él con un ardor incomparable.

Actualmente, mando decir misas, pero cuesta tanto trabajo encontrar la ceremonia que guarde esa apariencia de Sacrificio mil veces santo, y no el aspecto lamentable de una vil cena fraternal y filantrópica. ¡Qué desgracia... tres veces... qué desgracia!

Miguel tenía una mirada inolvidable, en la que yo no sabía leer. Después de haber leído sus confidencias, intentaba revivir la energía de esa mirada para descubrir qué hubiera querido que hiciera yo de sus memorias. Y ya de paso, ¿por qué las escribió? Verdaderamente no tenía ni la mínima apariencia de debilidad, que tal vez, es la única debilidad peligrosa a la que él nunca hubiera cedido... ¿cuál fue su móvil? ¿Era dominación o consolación?... Sólo Dios lo sabe.

Tiempo después me encontré a una amiga que supo lo

que había ocurrido y deseaba que este texto fuera publicado... pero ¿tengo derecho?

Mi más grande desolación consiste en constatar que no tenía ganas de preguntarlo en el sacramento de la confesión, como lo hice finalmente hace algunos años. No, la Santa Virtud de la Obediencia es el arma más potente de la cual, nuestros enemigos (que pretenden ser amigos) usan contra nosotros para establecer todo aquello en lo que quieren que nos convirtamos. Y eso en lo que quieren que nos convirtamos, es conocido desde hace cuatro siglos como "protestantismo". He ahí que somos invitados poco a poco, de pequeña obediencia en pequeña obediencia, de falsa humildad a falsos remordimientos, de falsa caridad en ambigüedad que engaña, de palabras disfrazadas a espadas de doble filo donde el sí es no, y no es sí... somos invitados a dar apariencia de buenos católicos cuando en realidad somos perfectos protestantes. Es genial pensar en ello.

Es ése, el cristiano que nos quieren hacer amar. Pero la Historia nos demuestra quien es el más Paciente, el más Fuerte... el más Fiel.

Y que Miguel me perdone al publicar sus memorias y descubrirlo, pero es por su bien y el nuestro...

"Ad majorem Dei Gloriam".

Capítulo 1

El hombre sin nombre revela el más grande misterio de su vida

Me pregunto por qué tengo ganas de escribir mis memorias. Es muy extraño. Yo creo que lo hago por las noches cuando duermo como una complicidad que me obligará a hacerlo durante el día.

Poco importa, ya que de todas formas nadie las leerá. Las destruiré en el momento oportuno.

Soy el hombre sin nombre, el hombre sin familia, sin patria y sin herencia. Soy eso que los burgueses y los burocráticos desprecian. De hecho, a causa de todos aquellos que supuestamente me han querido bien, he sufrido estúpidamente. ¡Si tan sólo hubiera sabido la felicidad que de ahí tendría!

Pero era demasiado joven para adivinar que la desgracia puede provenir de alegrías como cohetes y de soles. Desde el principio fui el pequeño niño sin nombre. Al parecer tenía tres años cuando me arrastraba entre sollozos por una carretera polaca. Era 1920, por lo tanto puedo decir que nací en 1917, pero ¿dónde o de quién?...

Apenas sabía hablar, mi polaco era muy malo y mi ruso aún peor. Tampoco podía entender el alemán. ¿Quién era?

No podía siquiera decir mi nombre. Desafortunadamente tuve que conservar aquél que me dieron mis padres adoptivos. Aún hoy, a pesar de que han pasado 50 años, una onda de cólera atraviesa mi corazón cada vez que recuerdo a mis padres, el Doctor y la Señora X… Eran buenos, generosos, magnánimos. Dado que no tenían hijos, me adoptaron. Me amaban más incluso, que si hubieran tenido un hijo propio. Me amaban por haber puesto fin a la desesperación en la que los había sumido la esterilidad. Creo que me consideraban un regalo del cielo.

Ellos tenían una piedad tan fuerte que todo en su casa recordaba a Dios. Y claro está, que me enseñaron a hacer lo mismo. Era tan grande su virtud que jamás les oí hablar mal de nadie. En la época en que me encontraron, ellos eran aún jóvenes con sus 35 años. Eran muy hermosos y rápidamente me di cuenta del amor casi exagerado que los unía. Cuando se miraban y luego se abrazaban, parecía que una onda benéfica me sumía en un éxtasis.

Era mi mamá y mi papá. Decía este posesivo con un ardor juvenil. Mi madre, sobre todo, me manifestaba un amor tan exagerado que habría hecho a cualquier niño insoportable. No sé por qué no sucedió. Era naturalmente calmado y estudioso. No les causaba ningún disgusto. No es que yo fuera afeminado, sino que me comportaba a la altura. Para luchar, no es necesario ser violento o tener mal carácter. Mis padres, en especial mi madre, pensaban que yo tenía un buen carácter, pero ellos no veían, que por una suerte maravillosa, mi voluntad se adaptaba a la suya. Era muy ambicioso y ellos lo aprobaban. Un chico no puede pedir nada más.

A mis 14 años, ya había logrado muchos éxitos escolares, y para festejarlo, decidieron ir a Roma y a París. Estaba tan contento que no podía dormir. Me parecía tiempo perdido y deseaba prepararme bien para el viaje… estudié y visualicé las dos ciudades desde antes.

Una noche que mis pupilas se negaban a obedecer, se me ocurrió que mi padre tal vez tuviera un medicamento para alejar el sueño y levantándome, fui al salón a buscarlo. Ellos estaban en la habitación de al lado y hablaban de mí… y de la preocupación sobre mi pasaporte, dado que no era su hijo.

¡Rayos!... eso es lo que dicen los novelistas en papel en circunstancias parecidas. Pero yo… yo digo que es una lástima que el lenguaje humano no tenga una palabra para describir esta abominación. El dolor que sentí nacer en mí… similar a un bebé que acaba de nacer pero que va a crecer, afianzarse y llevar a actos que la víctima ignora.

Hubiera querido morir, y mi corazón pareció haber pensado lo mismo. ¡Cómo latía mi corazón!

¡Qué precipitación la suya mientras que el resto de mi cuerpo se transformaba en granito! Cuando mi corazón recuperó el ritmo normal, me pidió moverme de nuevo. Me sentía mal de la cabeza a los pies. No conocía el dolor, pero mi primera experiencia con él me agarró entero y tomó el mando de mi vida por un tiempo. Mi dolor me recomendó huir y lo hice pronto… sin que nada más importara. Me hubiera gustado incluso, partir desnudo para no deberles nada a "esas personas". En ese momento y hasta ahora son "esas personas". La ira que tengo contra ellos es de la misma medida del amor que ellos me profesaron... porque siempre me mintieron, aún si me amaban de verdad... y eso no lo perdono... bueno no perdono nada de hecho. Si fuera lógico, estaría agradecido con ellos, ya que es justamente gracias a ellos que hoy en día soy uno de los agentes secretos con mayor importancia.

Me convertí en el enemigo personal de Dios, me convertí en alguien decidido a enseñar y proclamar en el mundo entero la muerte de un Dios que jamás ha existido.

Mi dolor me guío hasta Vladivostok... y allá fui corriendo. Después de algunos miles de minutos y a pesar de mi buena condición, tuve que apoyarme en un muro para poder recuperar mi aliento. El muro pareció transformarse en humo y resbalé, mientras al mismo tiempo escuché una voz que gritaba: "¡Pero si es un chiquillo!".

Volví la cabeza con la intención de estrangular a la mujer que había gritado, pero mis intenciones homicidas se detuvieron a causa del asco. Jamás podría tocar ni con la punta de los dedos la piel de una persona tan horrible. Quería hablar pero me atraganté. Dos mujeres intentaron hacerme beber alcohol pero escupí y me quedé dormido inmediatamente.

Cuando me desperté, era de día y una mujer me miraba sentada a los pies de la cama. ¡Así que me habían acostado! Tal vez era la misma mujer del día anterior pero no tenía ni rastro de pintura en ella. Le dije: "Hoy da menos asco que ayer". Ella me dijo con voz calmada: "Antier".

¿Antier? Por eso tenía tanta hambre. Le pedí de comer ya que las mujeres están destinadas a dar de comer a los hombres. La mujer entendió rápidamente que no le pediría nada más. Debo admitir que me trajo cosas muy ricas para comer. Casi terminando, ella me dijo: "Escapaste de casa, tú eres...". No respondí nada. "Puedo ayudarte a ir a Rusia".

"¿Cómo puedes saber si yo quiero ir a Rusia?". – "Hablaste de ello cuando dormías". – "¿También dije mi nombre?" – "No, está en el periódico. Tus padres te ruegan regresar a su lado. Prometen no regañarte." – "Yo no tengo padres" - dije.

Ella comprendió que estaba decidido así que me dijo: "Tengo familia en Rusia, puedo ayudarte a pasar la frontera". Estas palabras me iluminaron el camino. Le pregunté si aceptaría llevar una carta a un compañero de la escuela que regresaba a su casa al mediodía. La pobre pareció encantada de poder hacer algo por mí. Preparé una carta en código. Para mi buena suerte, tenía ese hábito con mi compañero. En clase, nos pasábamos notas en código para que nadie pudiera saber lo que nos estábamos diciendo… y jamás imaginé que me sería tan útil en otro tipo de circunstancias.

Mi amigo era rico y sus padres lo consentían de forma

escandalosa al dejarlo gastar más dinero del necesario. Siempre le daban mucho dinero diario y esperaba que ese día, lo hubieran hecho de igual forma. Sabía que la amistad que nos unía era incondicional y que él me apoyaría enviándome todo el dinero que tuviera disponible. Además, en la carta no le escondí mis intenciones de ir clandestina y secretamente a Rusia, país del cual él admiraba la audacia. Cabe mencionar que como él no se llevaba muy bien con su padre, prefería Rusia por ser patria de su madre. Además era tan leal, que sabía que preferiría morir antes que admitir que tenía pistas sobre mi huida.

También recordé que él tenía un tío que desempeñaba un puesto importante en Leningrand. Le pedí pues la dirección de su tío y una carta de recomendación. Justo antes de que la mujer partiera añadí un pequeño papel en el que le decía: "Quiero entrar en el Partido y convertirme en alguien importante dentro de él". Esa era mi venganza.

La mujer esperó a mi amigo delante de su puerta y ahí fue donde lo vio cuando regresaba de la escuela. Tuvo suerte de encontrarlo ya que ya eran las dos de la tarde. Mi amigo recibió mis notas y le entregó un paquete que contenía: una larga carta codificada para mí, una carta para su tío y un pequeño paquete con dinero. Un gran tipo.

No voy a narrar, por motivos fáciles de adivinar, cómo atravesé la frontera y llegué finalmente a Leningrand. Pero por otro lado, mi primera visita al Tío tiene carácter de inmortal ya que la recuerdo de memoria y me divierte mucho revivirla periódicamente. No sabía qué puesto desempeñaba el Tío en la administración rusa pero decidí ser al cien por ciento franco con él, ya que pensé que si quería llegar al nivel que deseaba, era mejor la franqueza con el hombre que tenía enfrente. Creo que me comprendió a la perfección desde esa primera visita y le agradé.

El Tío me dijo que antes que nada debía estudiar la doctrina del Partido e idiomas. Todo dependería de la calidad de mis estudios. Le respondí que en todo sería siempre el primero y que pronto sabría incluso más que mis profesores. Siempre es agradable conocer a alguien que se muestra cómo es y que sentía que sólo con él podía yo mostrarme... y así se lo dije. Él se sintió halagado. Respondió con una pequeña sonrisa irónica. En ese momento, me sentí más fuerte que él con toda certeza. También sentí una gran oleada de alegría en mi interior, por primera vez desde mi huida. No duró mucho pero parecía un buen augurio de todas formas.

Estudié con ferocidad durante 6 años. Mis dos únicas alegrías eran mi visita trimestral al Tío y mi odio hacia Dios, con la certeza de que llegaría a ser el Jefe indiscutible del ateísmo universal.

Capítulo 2
La maldad trabaja y fortifica a los humanos

El Tío era mi único amigo, el único hombre que me conocía de verdad. Para los otros yo deseaba parecer insignificante y lo hice fácilmente. Las mujeres no me interesaban, incluso tenía cierto asco hacia ellas y como consecuencia, asco por los imbéciles que las amaban demasiado.

Mi voluntad de aprender lo más que pudiera era facilitada por una memoria sorprendente. Una atenta lectura y ya sabía un libro de memoria, aún si estaba escrito en un estilo pretencioso. Además, tenía la facultad de no retener más que aquello que valía la pena. Mi inteligencia superior criticaba en secreto y con gusto a los más grandes maestros. Mi amor por las doctrinas ateas, que son la base y fundamento del Partido, exaltaba mi celo, que ya era bastante grande.

Cuando hube terminado los 6 años de estudios el Tío me convocó una tarde a su oficina por primera vez, ya que todas las veces anteriores me recibía en su casa. Ese día constaté que él era un alto funcionario de la policía como lo había supuesto anteriormente.

Me hizo una proposición brutal, propia debía pensar él, a molestarme. Me dijo: "Te voy a enviar ahora, a practicar un ateísmo militante e internacional. Deberás luchar contra todas las religiones, pero especialmente contra la católica porque es la mejor estructurada. Para hacerlo, vas a entrar al seminario y convertirte en sacerdote católico y romano".

Mi única respuesta fue un silencio durante el cual dejé que la alegría me invadiera mientras guardaba una apariencia de total indiferencia. El Tío estaba muy contento y no lo escondía. Con la misma calma continúo: "Para poder entrar al seminario, vas a regresar a Polonia, vas a reconciliarte con tu familia adoptiva y te presentarás al Obispo de tu región".

Tuve una breve rebeldía. Desde mi relación con el Tío, era la primera vez que no me parecía tener el control. Él pareció contento y me dijo divertido: "Así que no estás hecho de mármol". La reflexión me enfureció y le respondí secamente: "Lo estoy, y lo seguiré estando pase lo que pase". El Tío pareció relajado y hasta divertido, como si mi carrera, mi vocación, mi destino (y por ende el del Partido) no dependiera de las decisiones tomadas en ese día.

"El mármol es una cosa bella" – añadió – "Un material básico necesario para aquél que quiere convertirse en agente secreto, pero ante todo, es necesario que le muestres a tu familia el más grande afecto posible". Me sentía como un cobarde y pregunté lastimosamente: "¿Durante seis años de seminario?"… Me respondió con la dureza que utilizaba con los culpables: "Y si yo te dijera que sí… ¿qué responderías?". Le dije casi de inmediato que no habría problema y me sorprendí al sentirme más astuto y audaz que él.

Él sonreía: "Sí, pero no has podido esconder que tú piensas que soy un imbécil que juega ingenuamente su juego". Me sonrojé, algo que no me ocurre jamás. "Un agente secreto…" – continuó – "…no tiene sangre en las venas, no tiene corazón, no ama a nadie, ni siquiera a sí mismo. Es de quien se puede deshacer el partido sin problema y sin advertencia. Métete bien en la cabeza que no importa donde estés, vamos a vigilarte y a deshacernos de ti a la primera imprudencia que cometas. Incluso, si estás en peligro no cuentes con nosotros, aunque no sea tu culpa. Estarás repudiado y solo".

Respondí: "Sé todo eso, pero me permito preguntar aun así la razón por la cual debo manifestar cariño por mi falsa familia. Jamás he escondido el odio que les tengo".

"El odio…" – me respondió – "…mientras no sea el odio hacia Dios, no es requerido dentro de nuestros servicios. Y necesito que seas aceptado por un verdadero obispo de tu país de origen, Polonia. Pero no te preocupes porque no tenemos intención de que hagas tus estudios religiosos en ese país. Vamos a enviarte al otro lado de la costa del Atlántico, pero esta información es confidencial y necesitas hacerte el sorprendido cuando te enteres. Esto es porque tememos una guerra europea, con este loco que gobierna Alemania. Por ello, nos parece más prudente que estudies en alguna parte de la costa de Canadá por ejemplo. Otro motivo es que los seminarios europeos son más severos que en América". Hice un pequeño gesto de protesta que fue rápidamente captado. "Sé que tú podrías soportar seis años de seminario severo sin salir jamás, eso no está puesto en duda. Pero tenemos necesidad de que conozcas el mundo y cómo funciona, para que al mismo tiempo conozcas la forma más inteligente de hablarle para hacerle perder la fe, pero sin levantar sospechas. No nos serviría enviar a chicos a los seminarios si al final se terminaran convirtiendo. No, tú serás sacerdote hasta la muerte y como tal, debes ser fiel y casto. El resto, te conozco bien, eres un racional".

Después me dio instrucciones precisas acerca del funcionamiento del servicio en donde yo iba a entrar y en donde esperaba terminar a la cabeza al final de mi vida.

Desde que entrara yo al seminario, debía dedicarme a descubrir la forma de destruir todo lo que me enseñaban. Para ello, debía estudiar atenta e inteligentemente, es decir, sin pasión alguna, la Historia de la Iglesia. No debía perder nunca de vista que las persecuciones no sirven más que para hacer mártires que los católicos utilizan de pretexto para dar razones de su linaje de católicos. Así que no habrá más mártires. No hay que olvidar que todas las religiones están basadas en el miedo, el miedo ancestral, todas vienen de ahí. Conclusión: si eliminamos el miedo, eliminaremos las religiones. Pero no es suficiente.

"Te toca a ti descubrir los buenos métodos" – me dijo el Tío mientras yo me hundía en la alegría – "Me escribirás todas las semanas brevemente para enviarme todos los temas e ideas que quieras que esparzamos por el mundo, con una breve explicación del porqué de ellos. Después de un tiempo corto o largo, serás puesto en contacto directo con la red. Es decir, que tendrás diez personas que sigan tus órdenes, quienes a su vez tengan otras diez a su cargo. Las diez personas que estén directamente bajo tus órdenes no te van a conocer directamente. Siempre seré yo el intermediario, de esta forma, jamás serás denunciado. Tenemos ya numerosos sacerdotes en todos los países donde está presente el catolicismo, pero tú jamás conocerás ninguno, ni ellos te conocerán a ti. Incluso existe un obispo con quien seguramente tendrás contacto en algún momento dependiendo del grado que alcances. También tenemos espías en todos lados y en especial, ancianos que se encargan de la prensa en el mundo entero. Un resumen de todo esto te será enviado regularmente. De esta forma sabrás cuándo tus propias ideas hagan mella en los espíritus de las personas. Verás, una idea es buena cuando un escritor imbécil la escucha, le gusta y publica como suya. Porque no existe nada tan vanidoso como un escritor. Contamos mucho con ellos y ni siquiera necesitamos capacitarlos de alguna forma. Ellos trabajan para nosotros sin saberlo, o peor aún sin quererlo".

Le pregunté cómo seguiría en contacto con él si la guerra estallaba. Tenía todo previsto. Recibiría en el tiempo preciso una carta timbrada de un país libre y por tanto, que no tuviera hostilidades.

Reconocería la misma como válida porque en ella se

me llamaría por mi nombre secreto: E.S. 1025 (E.S. quiere decir estudiante seminarista). Cuando me dijo eso, me puse a pensar que la cifra 1025 era un número de orden. Para mi sorpresa tenía razón. "Así pues…" – Dije indignado – "Así pues que ya existen 1024 sacerdotes o seminaristas que han entrado antes que yo".

"Así es" me respondió fríamente. No estaba desanimado, sino herido y furioso. Hubiera estrangulado de buena gana a estos 1024 monigotes. Solamente atiné a decir: "¿Hacen falta tantos?". El Tío sonrió por toda respuesta.

Era inútil esperar que pudiera esconderle mis verdaderos pensamientos. Con tono lastimero agregué: "Cabría pensar que no han hecho un buen trabajo si aún hay que reclutar más". Pero el Tío no quiso satisfacer mi curiosidad.

Quería al menos saber si podría tener contacto con algunos de ellos, pero el Tío me contestó que jamás conocería siquiera a uno. No entendía y me sentía desamparado. "¿Cómo podemos hacer un buen trabajo si estamos dispersos y privados de coordinación y estímulo mutuo?".

"Por la coordinación no debes preocuparte. Lo tenemos controlado, pero sólo los grandes funcionarios conocen el funcionamiento. En cuanto al estímulo, contamos con el amor hacia el Partido".

No había nada que responder. ¿Decir que el Partido no

lograría nada en el aspecto del ateísmo mientras que yo no estuviera a cargo del servicio? De eso estaba seguro, así como de poner a mis 1024 predecesores en la caja del olvido.

Capítulo 3

El orgullo es exaltado como cualidad dominante

Después de esta memorable tarde, el Tío me invitó a leer ciertos archivos secretos verdaderamente apasionantes. Por eso estas memorias no deben ser jamás publicadas pero de todas maneras seré prudente y no escribiré nada sobre ello. Conozco hoy en día, a quienes pagarían una fortuna por poder leerlos. Me río de esto, ya que sería necesario inventar una máquina que leyera mis pensamientos.

Durante esta semana memoricé un montón de domicilios útiles, así como números telefónicos de diferentes países. Todas estas precauciones a causa de sentir la guerra casi encima. Estaba impaciente por dejar Europa, ya que el bienestar de la humanidad hubiera sido afectado por mi muerte o simplemente, por la torpeza de que me llamaran al servicio militar.

El Tío me llamó a sus oficinas para discutir política internacional, pero yo sólo me interesaba a medias y de forma mediocre en esta ciencia. El Tío me lo reprochó señalando que el ateísmo no es más que una rama de la política. Para mis adentros pensé que era la más importante. El Tío, que parecía leer todos mis pensamientos añadió: "Tienes razón al considerar el ateísmo como primordial y fundamental, pero aún tienes mucho que aprender de esta ciencia".

Estuve de acuerdo con la más perfecta y falsa fe. Guardando mi impasibilidad, dije: "De cualquier forma, tengo una idea sobre la dirección general que hay que darle a la lucha que vamos a emprender".

Un destello de diversión pasó sobre el rostro del Tío. Creo que es porque en verdad me quería. Lo miré con un poco de desafío. "Habla pero sé breve" me dijo. ¿Qué más quería yo?

A continuación dije calmadamente: "En lugar de combatir el sentimiento religioso, hay que exaltarlo hacia una dirección utópica". Silencio. "Bueno, dame un ejemplo" – respondió.

La balanza estaba de mi lado. Me parecía que en ese momento, la tierra entera estaba entre mis manos. Procedí con mi explicación: "Hay que meter en la cabeza de los hombre y en especial de los hombres religiosos, la búsqueda de una sola religión universal donde todas las iglesias se fundan a cualquier precio. Para que esta idea pueda tomar forma, hay que inculcar a los piadosos, particularmente a los católicos romanos, un sentimiento de culpabilidad respecto a su supuesta única verdad con la que viven día tras día". – "¿Pero no eres tú mismo un poco utópico en la segunda parte de tu proposición?". – "No, no". – Respondí – "Para nada. Yo he sido católico y MUY católico. De hecho muy piadoso y celoso de mi religión hasta los 14 años, por ello creo que es relativamente fácil mostrar a los católicos que también hay santos entre los protestantes, los musulmanes, los judíos...".

El Tío me interrumpió: "Está bien, admitamos este punto. Pero... ¿qué sentimientos tendrán entonces las demás religiones?". - "Será variable y aún debo estudiar esta parte del problema, pero lo esencial para mí es de golpear a la Iglesia Católica porque es la más peligrosa". – "¿Y cómo visualizas esta iglesia universal a la que todo mundo se dirigirá?". – "La visualizo bastante simple.

No podría ser de otra forma. Para que todas las religiones puedan entrar se requiere que únicamente tenga una vaga idea de un Dios más o menos creador, más o menos bueno según los días. El resto es un dios que sólo sea útil en periodos de calamidades, ya que es en esos casos cuando el miedo ancestral llenará de nuevo los templos, que estarán casi vacíos ya".

El Tío reflexionó un momento... "Me temo que el clero católico vea rápidamente el peligro y entonces sea hostil a tu proyecto". Respondí vivamente: "Es verdad que hasta ahora ésa ha sido su respuesta. Mi idea ya ha sido mencionada por personas no católicas y esta Iglesia no la ha acogido. Es por eso que he buscado y estudiado la forma de hacerla cambiar de parecer. Sé que no me será fácil y que necesitaré trabajar durante veinte o hasta cincuenta años, pero tarde o temprano lo lograremos". – "¿Por qué medios?". – "Por muchos... y muy sutiles. Yo veo a la Iglesia Católica como una esfera. Para destruirla hay que atacar en muchos pequeños puntos en toda su extensión hasta que finalmente ya no parezca ella pero hay que saber ser pacientes. Tengo muchas ideas, algunas pueden parecer al inicio mezquinas y pueriles pero estoy convencido de que el conjunto de ellas se convertirá en un arma invisible de gran eficacia". El Tío me dijo: "Bueno, hará falta que me hagas un pequeño boceto del plan".

Lentamente saqué de mi portafolio un sobre que contenía un preciado trabajo donde se explicaban las ideas que acababa de exponer. Puse el documento sobre el escritorio con una invisible satisfacción. El Tío lo leyó de inmediato, cosa que no me hubiera atrevido a esperar y que confirmaba que él tenía grandes esperanzas en mí. ¡Y vaya que tenía razón el querido viejo!

Cuando hubo terminado de leer (hecho que le tomó más de lo necesario), el Tío me miró y dijo: "Voy a enviar esto a mis consejeros para que lo examinen. Vendrás a buscar la respuesta en 8 días a la misma hora. Mientras tanto, debes prepararte para tu partida a Polonia. Toma esto." Y me tendió un sobre generosamente lleno de rublos, tantos como no había tenido nunca en mi vida.

Con ese dinero, fui tantas veces al cine y al teatro que hasta me sentí enfermo. También lo aproveché en comprar muchísimos libros, que no tenía idea de cómo enviarlos después a donde fuera, pero imaginé que el Tío me ayudaría. Viví esos ocho días en un estado de exaltación total, tanto que no me sentía dentro de mi cuerpo y mucho menos pude dormir.

En ese momento se me ocurrió por primera vez invitar a salir a una mujer, pero ni aún en el estado en el que me encontraba, pensé que valía la pena. Temía que fuera únicamente un deseo pasajero y mediocre que me traería mala suerte y mala reputación con las más grandes autoridades del servicio... además ¿no era fundamentalmente importante que desde el inicio fuera capaz de saltar y avanzar todos los grados posibles con la finalidad de dejar atrás a mis 1024 predecesores y hacer lo que ellos no pudieron? No quería distracciones.

Una de esas tardes, decidí emborracharme para ver si mi cerebro recibía un impulso útil. No sirvió de nada y puedo afirmar que el alcohol es aún más nefasto que la religión, que es mucho decir.

Cuando llegó el momento de presentarme de nuevo con el Tío, mi corazón palpitaba un poco más rápido pero no de una forma desagradable. Lo que importaba es que nadie lo notara.

El Tío me miró largamente y me dijo con una sonrisa que su Jefe quería conocerme. Como era seguro que un alto mando no se molestaría en hablar conmigo para mostrar su descontento no estaba impresionado para nada por este aviso. Todo lo contrario, estaba aterrado del aspecto exterior de este famoso "Jefe". Tan horrorizado que aún hoy, treinta años después, me es suficiente cerrar los ojos para verlo y sentir ese horror. Tenía una "presencia" que hacía sentir que los que estaban a su alrededor no eran más que marionetas. Detesté y detesto aún esa sensación... pero tengo que confesar que su "presencia" era la de un monstruo. ¿Cómo podía acumularse la brutalidad, la grosería, la astucia, el sadismo y la vulgaridad en una sola persona? Este hombre debía de ser forzosamente de aquéllos que van a las prisiones y se deleitan con la tortura. ¡Oh! Tengo un profundo desprecio por la crueldad, que en mi opinión, es sólo un signo de debilidad. Y dado que yo tiendo a reprimir mis debilidades... ¿cómo poder aceptar que el Tío se mostrara tan servicial con el bruto que nos recibía? El bruto en cuestión, me miró fijamente en los ojos para ver.

¿Para ver qué? En mí, no hay nada que ver. Nunca habrá nada que ver tipejo, pensé con satisfacción.

Después, el Jefe me preguntó qué era lo que más quería. Fue muy fácil de responder que al triunfo del Partido, ya que la verdad no se puede decir con sutileza. ¿El Jefe tenía alguna? No, era impensable. Agregó en tono negligente: "A partir de hoy estás inscrito entre los agentes secretos activos y podrás dar órdenes todas las semanas. Cuento con tu celo. Tengo que admitir que hace falta tiempo para destruir una religión desde el interior, y por ello, es necesario que las órdenes que mandes tengan eco, sobre todo con los escritores, los periodistas e incluso los teólogos. Es lógico suponer que tenemos un equipo que supervisa los escritos religiosos de todo el mundo y da sus correcciones dependiendo de lo enviado por tal o cual agente. Así que, desarróllate como te plazca. Tengo buena esperanza porque me parece que ya lo has entendido por tu cuenta".

El bruto no era tonto. Estaba seguro que ya le habían

contado sobre mi trabajo. Conocía muy bien la vulnerabilidad de los cristianos para dudar de mi futuro éxito. Y esta vulnerabilidad se reduce a una palabra: caridad. En nombre de esta sacro santa virtud, podemos inocular los remordimientos que nos plazcan, ya que el remordimiento es un estado de baja resistencia. Es a la vez, médico y matemático, que aunque estos dos conceptos no van de la mano, yo los sabré unir.

Saludé al Jefe dignamente y le agradecí con frialdad. No deseaba que se pudiera imaginar hasta qué punto me había impresionado.

Cuando me encontré de nuevo solo con el tío, me guardé bien de hacer el mínimo comentario sobre su famoso Jefe. Por lo demás, me debía alegrar de haber conocido a un personaje tan desagradable, porque así, con esta experiencia, ya no tendría timidez alguna en tratar con los grandes de este medio. Pero como siempre, llegaba a la misma conclusión, que el más grande era y sería yo.

Capítulo 4

El arte de jugar la comedia de la modestia se tropieza con un obstáculo perfectamente humilde

Partí a Polonia intentando persuadirme de que el éxito de mi disimulo serían mis dones de comediante. A mis veintiún años, después de haber vivido seis solitariamente siendo un estudiante pobre y ambicioso, necesitaba convertirme en un hombre joven afectuoso, considerado, obediente y piadoso... ¡más que piadoso!, ardiente por entrar al seminario.

Una bonita comedia para iniciar. Pensaba que sin duda podía engañar a mi madre... ¿pero a mi padre, el Doctor? Temía por su diagnóstico. Este hombre era tal vez, el único del que jamás tuve miedo en la vida. Por tanto, tenía que metérmelo en el bolsillo no importando el precio. No porque no pudiera entrar al seminario sin su apoyo, sino porque quería probar mi fuerza y para ello debía estar libre de sospecha. El Doctor representaba un examen de mi propio valor.

Toqué el timbre de "mi casa" alrededor de las dieciocho horas, con la intención de estar con ella una hora aproximadamente, antes de que mi padre regresara a casa del trabajo.

Ella me abrió... había envejecido mucho y no tenía maquillaje alguno. Parecía enferma. Comenzó a temblar y después a llorar. Las mujeres no están hechas más que para estar al servicio del hombre, calladas y atendiendo únicamente a las necesidades de los hombres.

Pedí perdón por mi largo silencio, esperando que la cuestión del arrepentimiento fuera rápidamente aceptada y olvidada, antes de que el doctor regresara. No tenía ganas de mostrar arrepentimiento masculino ante un hombre de verdad.

Con ella, sabía que llegaríamos rápidamente a la alegría del reencuentro y de los proyectos futuros. Como sabía que ella no podría haber tenido mayor deseo que el verme convertido en sacerdote católico, le hice saber de inmediato acerca de mi irresistible vocación sacerdotal.

La pobre tonta estaba tan feliz que hubiera podido hacerle creer lo que quisiera. Ella quería saber cómo es que la idea de la amada vocación había surgido. Vagamente había pensado en diversas explicaciones pero al final había renunciado a premeditar esta escena, ya que generalmente lo planeado suena menos real que lo espontáneo.

Le conté una historia acerca de una aparición, una historia destinada a ganarla a mi favor. Sabía bien que el Doctor no creía tanto en ese tipo de cosas, pero ella tenía una debilidad por lo milagroso. De esta forma, me aseguraba de dividirlos y fortalecer mi posición al ponerla de mi lado completamente. Mientras ellos discutieran sobre mí, no lo harían conmigo y me dejarían en paz.

Le conté pues una radiante historia sobre una aparición celeste, teniendo cuidado de memorizar los detalles para no contradecirme después. Encontré pintoresco, el decirle que había recibido la visita de San Antonio de Padua. ¿Acaso el patrón de los objetos perdidos no podía jugar muy bien el papel de patrón de niños perdidos? Este santo es muy popular porque le puedes atribuir cualquier tipo de milagros, y los piadosos siempre te creerán. Así que, San Antonio me vino a visitar cargando al Pequeño Niño Jesús en sus brazos. Mientras lo contaba, convertí esto en una bella imagen de devoción.

Cuando estábamos inmersos en la más profunda piedad y embeleso, el Doctor entró a la casa. Me sentí aliviado al ver por fin en la casa a una persona razonable. Pero supe en seguida que no me creyó nada. Muy bien, así la comedia era más difícil y divertida.

Tenía que convencer a mi falso padre o al menos, llevarlo hasta un estado donde al menos pretendiera creerme. Pero esta primera tarde fue del todo dolorosa. El doctor pertenecía a esa clase de hombres raros e inteligentes difíciles de convencer, cosa que sólo hacía que el juego fuera más interesante.

Al día siguiente, solicité una audiencia con el obispo. Mi falsa madre lo conocía desde que eran pequeños. Me recibió gentilmente pero sin entusiasmo. Seguro pertenecía al grupo de católicos que creen que es preferible no excitar una vocación, sino al contrario, combatirla. Una verdadera vocación debe triunfar sobre todos los obstáculos.

Afortunadamente conocía bien este tipo de manejo y no dejé que nada me trastornara. Pero debo admitir que este tipo de actitudes pueden provocar la angustia en alguien que no tenga vocación. En lo que a mí respecta, me mantuve humilde de forma cristiana y no me pareció de manera alguna que el obispo pudiera estar disgustado con mi proceder.

Él me pidió que a continuación me presentara con el cura de mi parroquia, así como a un religioso de gran renombre por tener el don de discernimiento de espíritus, lo cual significaba que podía detectar todas las vocaciones falsas, desde el simple soñador hasta el malo de intención.

Inmediatamente me puse en camino a casa del cura, un hombre valiente y simple, quien tenía ganas de ver florecer una vocación dentro de su parroquia. Él me habría dado todo lo que poseía (que no era nada) para apoyarme y festejar la buena noticia.

Para que mi "santo entusiasmo" resultara creíble al Doctor, rogué a mi falsa madre que invitara al eclesiástico a cenar. Fue muy edificante ya que el cura tenía alma de niño, y frente a ese fenómeno raro (pero muy apreciado en el proceso de canonización) el Doctor se conmovió. ¿Cómo un honesto cristiano puede resistirse a los santos?

Debido a lo anterior me sentía reconfortado cuando me dirigí a la casa del religioso cuya perspicacia era tan "valiosa" para los demás.

Al principio este hombre me pareció tan penoso de soportar a causa de su lentitud natural y los muchos silencios que a él parecían agradar. De cualquier forma, pude librarme de todos los clichés susceptibles de mostrar una verdadera vocación sacerdotal. Me reía en mi interior ya que... ¿Cómo este pobre hombre podía creerse de verdad que le iba a revelar mis pensamientos secretos? ¿Y cómo podía saber si los tenía?

Nuestra entrevista duró mucho, pero al final le tomé gusto. Hablaba con facilidad y él me escuchaba con satisfacción. Claro está que yo manifestaba la más exquisita modestia. Es una supuesta virtud muy fácil de aparentar y es uno de los juegos más divertidos. Era un as de la modestia, así como de muchas otras comedias.

Evidentemente cuidé de no hablar de ninguna aparición de San Antonio. Así, aunque mi madre le contara después, sería un punto a mi favor el haberlo callado.

Estuve muy orgulloso de contarle que jamás había tenido novia ni salido con nadie y que las chicas no me interesaban para nada. Pensaba que era un signo claro de vocación... y la palabra vocación podía también referirse a aquélla que yo desarrollaba dentro del Partido, en donde también me era útil la indiferencia a las chicas... ¡Parecía predestinación en ambos casos! Apóstol o anti apóstol, no estar casado más que con el apostolado. Debo admitir que por ello, me volvía muy elocuente cada vez que la palabra "apostolado" aparecía en nuestra conversación. Debía parecer seguramente que sería un sacerdote con gran celo.

Este religioso me tendía muchas trampas en la conversación, evidentemente tratando de hacerme mentir. ¡Infantil! Un hombre inteligente sabe que la mentira no debe ser empleada a menos que no haya otra opción. Y aun cuando me veo obligado a decir mentiras, tengo demasiada buena memoria para contradecirme después. Una buena mentira debe convertirse en verdad para aquél que la crea, y por ende a sus interlocutores.

El religioso quería saber por qué había dejado a mis padres adoptivos sin noticias durante seis años. Ahí, me sentí patético. Habría sido fácil regresar al pasado y revivir la ola de dolor que me había llevado a Rusia. Pero justamente adiviné que este prudente hombre, estaba temiendo que me hubiera convertido en comunista. Así que le aseguré que la política no me interesaba. En lo que respecta a mis seis años de silencio… no podía explicar la razón.

Creo que de vez en cuando es bueno parecer débil y vulnerable. La gente siente alegría al protegerte. Le dije que viviría con remordimientos toda la vida, como dejándole entrever cuánto se sentiría recompensada mi madre por mi vocación sacerdotal. Estaba seguro que el viejo no quería causar más pena a mi madre quitándole la única alegría de sus últimos años, pero no se lo dije, hubiera sido imprudente. Simplemente me contenté con esperar.

Conforme pasaba el tiempo, nuestra conversación se

transformaba en más y más cordial. Estaba muy satisfecho y cuando me marché éramos ya buenos amigos.

Muchos días pasaron y aún no había respuesta, como si a la Iglesia no le urgiera tener otra vocación sacerdotal. Por mi parte, seguí trabajando en mis ideas, y esperando las próximas noticias…

¡Cuando por fin me llamó el Obispo! Y en ese momento, pareció que la tierra se abriera ante mí, porque el Obispo me dijo tranquilamente que el religioso pensaba que yo no tenía vocación.

Capítulo 5

La ambición de un programa cristiano conduce al asesinato

Mi madre se enfermó y hubo que internarla y dejarla en observación. Mi padre, debido a un extraño reflejo de piedad que forma parte de la "gentileza" era amable conmigo. Actúe en forma recíproca con mucha dignidad. Me preguntó que pensaba hacer. Le dije que no me iba a dar por vencido tan fácil, pero que me dedicaría a la Medicina si la Iglesia verdaderamente no me quería. Estar expuesto a los males en el cuerpo hace bien a las almas. ¡Tonterías!

Ya había enviado un telegrama urgente al Tío. Por mediación de un sacerdote que me servía de buzón la respuesta vino rápidamente. Era breve y me sorprendió a medias. Decía: "Elimina el obstáculo".

Había recibido un entrenamiento especial exclusivo de los agentes secretos. Sabía atacar y defender. Lo que no sabía era si era mejor simular un accidente o un paro cardiaco. ¿Debía sembrar ansiedad o probar mi destreza?

Pensaba que era mejor eliminarlo fuera del monasterio, así que solicité a mi contacto que invitara al religioso a su casa bajo cualquier pretexto. Para mi buena suerte, estos dos ya se conocían.

No miento al afirmar que moría por saber que había llevado a este religioso a rechazar mi "verdadera vocación". Era muy importante para mí porque así, aprendía a perfeccionar mi comedia religiosa. Además, estaba trastornado por esta derrota y tenía la esperanza de hacer cambiar al religioso de parecer. Esperando esta segunda entrevista, daba los últimos toques a mi verdadero trabajo.

Escribía en mi reporte: Es muy importante que los católicos tomen conciencia del escándalo que representa la división de la Iglesia Hay tres tipos de creyentes: los católicos, muchos ortodoxos y unas trescientas sectas protestantes. Habría que echar mano de aquélla frase de Jesús de Nazaret que nunca ha sido muy exaltada: "Sean UNO como Mi Padre y Yo somos Uno".

Cultivar un palpitante remordimiento con lo anterior, especialmente con los católicos. Remarcar que todo es culpa de los católicos, que son quienes han creado a causa de su intransigencia, los cismas y las herejías. Llegar al punto en el que el católico se sienta tan culpable que desee reparar la situación a cualquier precio. Sugerirle entonces, que debe buscar todo lo que pueda hacer para acercarse a los protestantes (y a otros) sin dañar el Credo. No guardar más que el Credo... pero ¡ojo! Porque aún el Credo, debe sufrir una minúscula modificación. Los católicos rezan: "Creo en la Iglesia Católica", los protestantes dicen: "Creo en la Iglesia Universal". Es la misma cosa. La palabra católica quiere decir universal, así que ¿por qué no decirlo tal cual? Es verdad que a lo largo del tiempo, la palabra

"Católica" ha tenido un significado más profundo... incluso mágico. Y por eso, hay que eliminarla del Credo por un bien aún mayor: la unión con los protestantes.

Además, hará falta que cada católico haga el esfuerzo de buscar hacer cosas que complazcan a los protestantes (sin que su Credo o Fe estén en peligro y es importante que tengan la idea de que nunca lo estarán hagan lo que hagan). Siempre dirigir los espíritus hacia una caridad grande, hacia una fraternidad.

Nunca hablar de Dios, sino de la grandeza del hombre. Transformar poco a poco el lenguaje y las mentalidades. Que el hombre pase a primer plano. Fomentar la confianza en el hombre, quien probará su propia grandeza fundando la Iglesia Universal donde se unirán todas las buenas voluntades. Resaltar que la buena voluntad del hombre, su sinceridad y su dignidad tienen más valor que un Dios que siempre está invisible.

Mostrar que el cuadro de lujo y de arte que engalana a las iglesias católicas y ortodoxas es motivo de desprecio y horror a los protestantes, judíos y musulmanes. Sugerir que este lujo vale la pena ser suprimido en aras de un mayor bien.

Excitar un celo iconoclasta [1] en donde los jóvenes desprecien y no se preocupen por estos líos de estatuas,

---

[1] De un antiguo movimiento religioso cristiano que rechazaba el culto a las imágenes sagradas y las destruía.

imágenes, relicarios, ornamentos sacerdotales, órgano, velas, lámparas, vitrales y catedrales, entre otros. También sería bueno que se lanzara una profecía al mundo entero: "Verán a los sacerdotes casados y la misa dicha en lengua vernácula". Me regocijo de haber sido el primero en decir estas cosas en 1938.

En ese año también, animé a las mujeres a pedir el sacramento del sacerdocio y abogué por la misa no parroquial sino familiar, dicha en casa, por el padre o la madre antes de la comida.

Mi lluvia de ideas siempre parecía una locura, algunas mejores que otras. Justo cuando terminaba de codificar todo el programa, mi amigo me informó que el religioso lo visitaría al día siguiente.

En ese instante había decidido la línea de conducta que iba a adoptar para modificar el veredicto del religioso (tan simple y poco culto).

El religioso no pareció sorprendido cuando llegué. Mi amigo debía haber intentado que hablara pero dado que había sido en vano, me hizo una señal convenida previamente entre nosotros.

No me sentía desanimado, pero abordé suavemente a ese íntegro hombre. Le insistí que cometía un asesinato quitándome la oportunidad de ser sacerdote, y por lo mismo, insistía en saber los motivos que lo orillaron a tomar esa decisión. Pero él me respondió que no tenía motivo alguno, que simplemente el Señor lo iluminaba sobre las almas y que la mía, no tenía carácter de sacerdote. Debo reconocer que me enervó porque su respuesta no era una verdadera respuesta. Pero finalmente, tuve que reconocer que no mentía. Era verdad que no tenía un motivo concreto para rechazarme salvo una especie de instinto que no tenía nada de científico. Él de verdad estaba sumergido en esa magia.

Le dije que estaba decidido a presentarme a otro Obispo en otro lado. Me respondió con su sonrisa angelical que hacía mal en obstinarme. Le dije que era capaz de arrebatarle la vida si con eso pudiera entrar en el seminario. Su respuesta me dejó completamente estupefacto: "Lo sé".

Nos miramos un largo rato... y finalmente me dijo: "Usted no sabe lo que hace".

Reconozco que en ese momento me hubiera encantado huir al otro extremo del mundo. Este religioso tenía un poder que no podía explicar.

Pero mi amigo me hizo una seña... él sabía que vacilaba. Y yo... yo sabía que todo habría terminado para mí si desobedecía a las órdenes del Tío. Debía deshacerme del obstáculo yo mismo. Mi valor debía ser visiblemente comprobado por ese gesto de obediencia y coraje.

Fue así que me levanté y le provoqué la muerte sin heridas. Los agentes secretos teníamos la oportunidad de entrenarnos en una técnica proveniente del Japón. En esa época, pocas personas de Occidente eran conscientes de las posibilidades extraordinarias que ofrece el cuerpo humano tanto para defender, atacar o causar la muerte con las manos únicamente. Rusia reconocía que en esto los japoneses eran ases, y estoy seguro que cuando yo estudié estas técnicas, pocos países europeos e incluso americanos enseñaban estos métodos tan estéticos y eficaces.

Estoy orgulloso de haber sido uno de los primeros adeptos de estas artes marciales, desarrollando por ellas un culto similar al que tiene Rusia por el ballet. Gracias a ellas, he podido defenderme en muchas ocasiones sin dar un espectáculo semejante a una bestia.

Habiendo provocado en dos rápidos gestos (pero que requirieron un largo entrenamiento) la muerte del religioso, aquél que tuvo la audacia casi cómica de plantarle cara al marxismo-leninismo y por ende, plantarle cara al futuro, regresé a casa muy tranquilamente.

¿Causa de la muerte? Paro cardiaco.

Al día siguiente, mi cuerpo estaba cubierto de pequeños granos. Estaba furioso porque eso era, ciertamente, un signo de debilidad... signo de que mi hígado no había soportado la tensión.
¡Estúpido!

Pero después me felicité porque resultaron beneficiosos, ya que gracias a ellos, mi padre creyó que yo sufría verdaderamente de no poder entrar al seminario y decidió ir a defender mi caso con el Obispo... y con éxito.

Capítulo 6

El anti apóstol comienza efectivamente su trabajo y siente una ira especial por la sotana

Me preparé abiertamente a entrar al seminario y mi madre hacía para mí compras exorbitantes, cuando estalló la bomba en forma de un telegrama llamándome a Roma "para una nueva asignación". Me hice el sorprendido y fingí no entender nada. Mi madre comenzó a llorar de emoción.

Dejé escapar un gran suspiro de alivio cuando abandoné el país de mi infancia al que esperaba jamás regresar.

En Roma, tuve conversaciones muy interesantes con un Profesor que después se convertiría en el mío cuando ya había tomado la sotana. Él era parte de nuestra red y era muy optimista, por cierto. Se había especializado en la Escritura Santa y trabajaba en una nueva traducción de la Biblia al inglés. Lo magnífico de su trabajo era que su único colaborador era un pastor luterano, quien a su vez, ya no estaba de acuerdo con su propia iglesia considerándola anticuada. Claro está que dicha colaboración era secreta. El objetivo de ambos era librar a la humanidad de todos los sistemas que existían en ella como resultado de la Biblia, y en especial, del Nuevo Testamento.

Por eso, la Virginidad de María, la Presencia Real en la Eucaristía y la Resurrección, debían ser puestas entre paréntesis para llegar poco a poco a una simple supresión. La dignidad del hombre moderno les parecía valer ese precio.

El Profesor me enseñó también a decir la misa de forma razonable ya que, después de seis años estaría obligado a decirla diario. Esperando una modificación profunda de toda esta ceremonia, él no pronunciaba jamás las palabras de la consagración. No obstante, para no levantar sospechas, pronunciaba unas semejantes al menos en la terminación y me enseñó a hacer lo mismo.

Todo lo que hacía de esta ceremonia un sacrificio, debía ser eliminado poco a poco ya que el objetivo, era únicamente que se convirtiera en la representación de una cena en común, como hacen los protestantes. Nunca debía haber sido de otra forma, de hecho. Me comentó que trabajaba también en la elaboración de un nuevo Ordinario de la Misa y me aconsejó hacer lo mismo porque le parecía excelente que el mundo conociera muchos tipos de misas. Breves para las familias y grupos pequeños, largas para los días de fiesta pero me confesó que la verdadera fiesta para los trabajadores es el paseo por la naturaleza. Así que pronto llegaríamos a convertir el domingo en un día consagrado a la naturaleza.

Me contó que sus trabajos no le dejaban tiempo para

meditar sobre las otras religiones (judía, musulmana, oriental y otras), pero que ese trabajo también era de gran importancia, quizá mayor que la traducción de la Biblia, porque se podía buscar en las otras religiones lo que exaltara mejor al hombre y hacerle propaganda igualmente.

Intenté que me contara acerca de otros padres y seminaristas afiliados al Partido pero fingió no saber nada. A pesar de eso, me dio la dirección de un francés, que era profesor de canto y que vivía en la ciudad donde yo iba a entrar a estudiar ciencias profundamente aburridas. Me aseguró que podía confiar plenamente en él y que él me haría cualquier clase de favor por delicado que fuera (como tener ropa civil en su casa) por un pequeño pago mensual.

Me mostró Roma y me instruyó sobre todo tipo de leyendas sobre los santos y los lugares más venerados del lugar... nuestro objetivo era eliminarlos también del calendario, aunque en el fondo sabíamos que tal vez nos tomaría más tiempo matar a los santos que matar a Dios.

Un día que tomábamos café en una terraza dándonos un pequeño descanso me dijo: "Imagina esta ciudad sin una sola sotana... sin una sola vestimenta religiosa masculina o femenina. ¡Qué vacío!

¡Qué maravilloso vacío!". Fue en Roma donde me di cuenta de la importancia enorme que tiene la sotana y me juré que ella desaparecería de nuestras calles y también de nuestras iglesias, porque podremos decir la misa aún con chamarra.

Este juego que consistía en imaginar las calles sin sotanas se convirtió para mí en una reflexión. Empecé a sentir un odio creciente para este pedazo de tela negra. ¡Me pareció que la sotana tenía un lenguaje mudo pero tan elocuente!

La sotana decía a los católicos y a los demás que el hombre que la llevaba se había dado a un Dios invisible y supuestamente "todopoderoso". Cuando fui obligado a vestirme con ese vestido ridículo me prometí dos cosas, primero, entender cómo y porqué les llega la vocación sacerdotal a los jóvenes, y segundo, incitar a aquéllos que la portaran a quitársela para de esa manera poder influenciar más fácilmente a los enemigos y personas indiferentes a la Religión.

Me prometí dar a esta conducta las mejores muestras de gran celo… y así, el resto sería relativamente fácil.

Tuve muchas más dificultades para entender el nacimiento del deseo de vocación en los jóvenes, porque era tan simple que difícilmente creía en ella. Aunque es verdad que cuando los chicos entre 4 y 10 años conocen un sacerdote simpático, tienen deseo de parecerse a él. Ahí, comprendí mejor mi odio por la sotana, porque estos pequeños jamás hubieran sentido una real o imaginaria presencia y poder del sacerdote, si no fuera porque él mismo se hacía notar al llevar una vida tan diferente a los demás.

Su disfraz era una de esas diferencias, y aún podemos decir que ese disfraz siempre proclama la doctrina del que la porta. Para mí, la sotana es como una muestra de un matrimonio entre un Dios descrito como infalible y estos hombres... quienes manifestaban a cada paso su don y su separación del mundo. Entre más meditaba esto, más me enfurecía.

Pero también estaba muy agradecido con la vida por haberme permitido pasar mi infancia y una parte de mi adolescencia en una familia muy católica, porque creía firmemente que el valor de mi trabajo como anti apóstol provenía de ahí. Sabía que a causa de mis experiencias pasadas sería el mejor de los agentes, y en consecuencia, mi destino era convertirme en el Jefe Supremo de este trabajo tan provechoso. Y me sentí autorizado a regocijarme de esto previamente, porque cuando los chicos conocieran sacerdotes que vivían como el resto, ya no tendrían ganas de imitarlos. En su lugar, ellos ahora verían a "todo el mundo" y ahí ellos tendrían la elección de otros hombres verdaderamente dignos de ser imitados.

Además, estos nuevos sacerdotes pertenecerían a una iglesia abierta a todos y ya no se parecerían a los viejos. No tendrían la misma enseñanza y por ende ni siquiera entre ellos estarían de acuerdo, difiriendo entre sus mismos compañeros y su misma grey... lo que los llevaría a entenderse únicamente en cuestiones filantrópicas Y Dios estará muerto... es todo. En el fondo no es difícil, y eso me lleva a preguntar porqué nadie ha utilizado este método antes. Aunque es verdad que ciertos siglos son más favorables que otros para el nacimiento de ciertas flores.

Mis inicios en el seminario fueron muy dichosos. Mi posición de hijo único y tan querido de una rica familia que prefirió la separación a la guerra me hacía muy interesante. Todos buscaban la forma de manifestar su simpatía al valiente polaco... ¡La gloria de Dios me importaba más que mi propio país! ¡Qué santidad! Yo dejaba que hablaran con modestia.

Me había prometido ser el primero en todo y así lo hice. Mi conocimiento de diferentes lenguas era prodigioso, aunque esto es común entre los orientales. Trabajé en el latín y el griego con furia. Asimismo, era muy músico y por ello, me dieron autorización de tomar lecciones particulares de canto con mi amigo francés. Este seminario no era severo en lo absoluto, ya que la formación del seminarista era más flexible en América que en Europa.

También me distinguí en las competencias deportivas pero jamás mostré mis conocimientos especiales en combate cuerpo a cuerpo, conocimientos aprendidos directamente del Japón.

En fin, todo iba tan bien que me aburría y buscaba la acción que pudiera darle una chispa a mi vida y no se me ocurrió nada mejor que ir a confesarme con uno de mis profesores del cual yo parecía ser su preferido.

Capítulo 7

El héroe intenta poner a prueba el secreto de la confesión

Me confesé pues, a un noble viejito, uno que apodábamos nosotros "Ojos Azules" con cierta ternura. Incluso a veces me dejaba llevar por el encanto de su mirada infantil. Es por eso, que lo escogí para esta experiencia. Para mí, se trataba de ver cómo iba a actuar para respetar el secreto de la confesión pero al mismo tiempo tratar de enviarme de vuelta a casa.

Yo pensaba que no habría riesgo para mí, porque al fin y al cabo podía negarlo. Además, yo era el mejor estudiante en todo, con excelentes notas. Era por mucho el más inteligente de todos.

Le pedí pues, a "Ojos Azules" que me escuchara en confesión y le conté todo lo esencial, que era comunista, que era parte de los servicios secretos división del ateísmo militante, que había asesinado a un religioso polaco que dijo que yo no tenía vocación…

Cosa extraña, "Ojos Azules" me creyó en seguida. Hubiera entonces podido inventar cualquier tipo de historia. Tuvo primero el reflejo banal de hablarme de mi salud eterna, cosa que me hizo reír mucho. ¿Se imaginaba él que yo tenía el mínimo átomo de fe? Entonces le expliqué que no creía en Dios ni en el demonio. Una confesión así debía ser completamente novedosa para él. Casi lo compadezco.

"¿Qué esperas al pedir ser consagrado sacerdote?" Mi respuesta fue muy franca: "Destruir a la Iglesia desde el interior". "Eres muy pretencioso" – me contestó a su vez.

Me enojé y de buena gana le confesé que ya éramos más de mil seminaristas y sacerdotes. "No te creo" – "Como quiera, pero yo soy el número 1025 y aun suponiendo que algunos estén muertos, puedo asegurar que somos mil".

Hubo un largo silencio, cortado por una voz muy seca que me preguntó: "¿Qué esperas de mí?". Me era muy difícil explicarle que únicamente había querido divertirme viendo cómo se iba a comportar para respetar el secreto de la confesión. Así que dije simplemente: "Supongo que va usted a mandarme de vuelta a casa".

"¡Mandarte a casa! ¿No eres tú el más brillante y piadoso de todos nuestros alumnos?". Entonces fui yo el que no supe responder... pero dije: "¿Es que esta confesión no le esclarece sobre mi verdadera personalidad?".

"La confesión ha sido instituida por Nuestro Señor Jesucristo para el bien de las almas, por tanto ésta no es de ninguna utilidad". – "¿Ni aún sirve para comprenderme mejor?". – "Ni aún para eso, puesto que en cuanto te marches habré olvidado todo". – "¿De verdad?". – "Tú lo sabes bien, puesto que estudias entre nosotros". – "Ah, lo sé teóricamente, ¿pero cómo saberlo prácticamente?".

– "Así que, ¿es éste el motivo real de esta increíble confesión?". – "Tal vez". – "Si tienes otro motivo, harías mejor en decírmelo", - "No" – respondí gentilmente – "No, sólo quiero estudiarlo, es todo".

Pareció estar reflexionando… después me dijo: "Vana empresa, puesto que no pasará nada de nada". –"¿Nada de nada?". – "No, nada. Tú lo sabes". Y se fue dejándome abatido.

Al día siguiente, un condiscípulo que se creía mi amigo porque le agradaba, me dijo en voz baja: "Ojos Azules rezó toda la noche en la capilla". Observé al viejo profesor, pero no parecía haber pasado la noche en blanco… mientras ronroneaba su clase, meditaba yo sobre esta noche, que podría ser la imitación de la Agonía en el Huerto de los Olivos.

¿"Ojos Azules" había rezado para que esta copa se apartara de mí? No existía persona con poder suficiente para borrar esta confesión… incluso me parecía imposible para él olvidarla. Él debía haberme pedido o que me convirtiera o que me largara. ¿O quizá ya había buscado la forma de hacer que me fuera? Seguramente cada vez que esta idea rondaba su cabeza debía gritarse interiormente: "No, porque yo no sé nada".

¿Qué podía decir contra mí si no era por esta confesión? Nada. Evidentemente nunca me hubiera confesado si no hubiera dado ya una imagen de perfecto seminarista. No sabía el pobre viejo, que un comunista está dispuesto a cualquier sacrificio. ¡Bah!, todas estas personas se imaginan que sólo los cristianos hacen sacrificios.

Los días que siguieron lo observé atentamente pero siempre lo encontré con semblante sereno. Tan calmado, tan dulce, tan "azul" diría yo. En el fondo, sentía una pequeña debilidad por él y tuve la intención de acusarme y escribirle al Tío, pero decidí no contar nada acerca de esta historia. En el fondo, no me hubiera comprendido.

Muchos meses después, sentí de nuevo el deseo de confesarme con otros profesores. En el fondo, estaba inmensamente molesto por la monotonía de mi vida y por el hecho de que parecía agradarle a todo el mundo. Una pequeña pelea me caería bien y por eso, me confesé sucesivamente a todos los profesores y me divertí imaginándolos rumiar este horrible secreto.

Jamás pude comprender cómo podían soportar el fardo de mi presencia entre ellos y la visión de todo el mal que yo podía hacer.

Sin embargo, algunos días, estaba deliciosamente inquieto. Necesitaba este tipo de estimulante. Me imaginaba que ellos al menos iban a hacer lo posible por impedir mi consagración al sacerdocio y era entonces cuando redoblaba mi celo. Mis sermones eran modelos, pequeñas obras de arte. Hacía mucho mayor mérito del que debía para garantizar la marcha de nuestra acción anti religiosa en el mundo entero.

Afortunadamente, el Tío había entendido por ese entonces, que no hacía ya falta pedirme que codificara mis trabajos, sino únicamente armar un proyecto semanal. Me desbordaba de ideas y este trabajo no me costaba para nada, al contrario, era mi alegría y mi sostén.

En la época en la que jugaba con la confesión, fui muy sensible a un punto de la doctrina: la "santa virtud de la obediencia" (como ellos dicen). Esta obediencia concierne particularmente al Papa. Analizaba el problema desde todos los puntos de vista sin poder comprenderlo. Fue así, que me vi obligado a pedir a nuestros servicios de encargarse de que la confianza ciega que los católicos tenían en el Papa fuera discretamente ridiculizada cada vez que fuera posible. No ignoraba que les pedía una cosa muy difícil y por ello, me pareció primordial incitar a los católicos a criticar al Papa.

Alguien estaba encargado de supervisar atentamente todos los escritos del Vaticano para detectar todos los pequeños detalles susceptibles de herir a cualquier clase de individuos. Poco importaba la calidad de los que criticaran al Papa, lo que importaba es que fuera criticado.

En cuanto a la virtud de la obediencia, ella es una de las principales bases de esta Iglesia. Pensaba sacudirla cultivando los remordimientos. Que cada quien se imagine ser responsable de la división actual del cristianismo. Que cada católico haga su "mea culpa" y busque cómo borrar cuatro siglos de represión contra los protestantes sugiriéndoles un poco de caridad. La caridad es tan ventajosa que podemos usarla para que los católicos hagan cualquier bestialidad.

En esta época, tenía miedo que mi método pudiera ser descubierto y que hubiera quien fuera lo suficientemente inteligente para darse cuenta de que podía matar a Dios. Los eventos que siguieron después me probaron que no había razón para tal miedo. Un proverbio francés dice que "el mejor es el enemigo del bien". Y así, nadie jamás se percató de que mi amor fraternal por los protestantes era en realidad una forma astuta de matar a Dios. No quiero decir que los protestantes no tengan la fe (o cualquier clase de fe variada que hay entre ellos) y que mis servicios no se ocuparan de ellos. Pero los exalté mostrándoles que no hacía falta que se convirtieran al catolicismo, que es a la inversa, la Iglesia Romana es la que debe ir hacia ellos.

Incluso antes del anuncio del Concilio (un Concilio que me llenó de alegría desde antes) yo ya había lanzado al mundo dos cosas que habían sido recibidas en silencio: una orden y una profecía. Primero la profecía: Dios, por un gran milagro, un milagro espectacular (la gente adora este tipo de cosas) iba a lograr la unión de los cristianos. Es por eso que no hacía falta que los hombres se prepararan a ello con una disposición y caridad muy grande. En otras palabras, hacía falta que los católicos dieran rienda suelta al "lastre" para permitir a Dios manifestar su gran milagro en medio de los corazones puros. Para los católicos actuales, tener un corazón puro debía equivaler a emplearse en cualquier medio para complacer y acercarse a los protestantes.

La orden era también muy simple: defender a los protestantes de la idea de que se convirtieran al catolicismo. Y esto aceleraba mi corazón porque las conversaciones al respecto habían tomado un ritmo igual de acelerado.

Remarqué que el gran milagro no se podía llevar a cabo si los católicos continuaban sin aceptar a los protestantes que no se convirtieran. Hice hincapié en que había que dejar que Dios obrara libremente.

Fui escuchado y secundado en mis ideas. Era yo quien hacía los milagros y no Dios. Incluso hoy, aún me estremezco de alegría. Fue uno de mis más grandes y rotundos éxitos.

Capítulo 8

El ambicioso que se creía más fuerte que todos encuentra a "Cabellos negros" y se enfrenta a su primera debilidad

Cuando ya llevaba dos años en el seminario me pregunté si iba a poder continuar. La voluntad que uno se ejerce solo no es siempre suficiente y además, era muy joven para nutrirme sólo de mi odio. Por tanto, este odio aumentaba día tras día, pero si antes estaba sólo reservado a Dios, ahora se extendía a todo lo que me rodeaba. ¡Si todos hubieran podido darse cuenta hasta qué punto los odiaba! Incluso hoy me asombro de haberlos podido soportar.

Es verdad que era muy solitario, si bien el calor de la comunidad no me era indispensable, sí tenía necesidad de pequeños oasis de calor humano que hacían falta en mi juventud, pero no tenía más que las visitas sabatinas a mi profesor de canto. En algunos puntos nos comprendíamos a media palabra aunque él nunca supo a ciencia cierta mi misión real en toda su amplitud. Pero era maravilloso cómo me podía relajar en su casa, sin él no hubiera tenido fuerza para resistir. Menos mal que esto no será publicado, ya que sería un mal ejemplo para mis camaradas.

Había también recibido la orden de asistir a invitaciones mundanas, que venían no sabía de dónde ni porqué, pero estaba obligado a obedecer. Jamás me atreví a escribirle al Tío preguntándole sobre la utilidad de estas actividades que encontraba mortalmente frívolas. Él ya sabía mi disgusto por esta clase de cosas y me había dicho que sería bueno para mí conocer las costumbres del mundo. Honestamente, jamás descubrí ninguna utilidad.

Una tarde que me encontraba en una fiesta particularmente brillante, mi mirada se detuvo en el perfil de una chica... y todo lo que me rodeaba pareció esfumarse incluyendo mis sentidos.

Tenía un largo cuello, más inclinado que la torre de Pisa, cabello negro y largo y una cara a la vez infantil y enérgica. La miraba sin aliento. Era como si estuviéramos solos aunque ella no me veía. En mi interior le suplicaba que volteara la cabeza ligeramente para que nuestras miradas se encontraran, pero no lo hizo.

No sé cuánto tiempo duró mi éxtasis pero me interrumpió un joven desconocido que había visto mi actitud y comprendió... incluso mejor que yo mismo. "¿Quieres que te presente a la Señorita...?"

Él me conocía de nombre pero pensaba que era un estudiante de universidad, ya que en esas mundanas actividades nadie podía saber que yo era seminarista.

Más tarde, este amable joven me presentó a "Cabellos Negros" (jamás le daré otro nombre). Ya había recobrado mi entereza gracias a unos ejercicios discretos de respiración y por tanto, ya era un hombre completamente diferente gracias a esas centésimas de segundo.

Quizá en esta tarde no buscaba entender que era lo que me pasaba porque estaba más ocupado en deleitarme con mis nuevos sentimientos. Hablé unos instantes con ella pero no me dio tiempo de verla como yo quería... porque en esos momentos lo que me dominaba era el deseo de tomarla y llevarla a una pequeña casa lejos de todo, donde ella me prometiera que me esperaría por siempre... sólo a mí. Tenía unos inmensos ojos negros que miraban con una embarazosa seriedad.

Cuando alguien la sacó a bailar, tuve que poner mis manos detrás de mi espalda para no matar a ése que la llevaba en sus brazos. El baile es un invento diabólico. No entiendo cómo un hombre puede aguantar que su esposa baile con otro.

La veía... su vestido era tan bonito, pero mis ojos estaban hipnotizados por su cuello que parecía hecho para presentarse dócilmente al hacha del verdugo. No sé por qué esta joven me parecía destinada a morir violentamente... ese pensamiento sólo aumentó mi furia que hubiera querido emplear en llevármela de ahí. ¿Qué hacía ella en medio de todos esos imbéciles? ¿Qué hacía ella en la vida? ¿A qué se dedicaba? Tenía que lograr que ella no quisiera hacer nada más que atenderme y no importa lo que tuviera que hacer para conseguirlo. Ella me pertenecía, era todo. Pero ella se fue con una pareja mayor que no conocía. Estaba rabioso… ¿cómo iba a hacer para poderla ver de nuevo? Ella ya no se ocupaba de mí excepto en el último segundo cuando su mirada se detuvo en mí. ¿Qué significaba su mirada? ¿A ver cómo le haces para verme de nuevo?... quien sabe….

En todo caso, no me preocupaba por lo que ella pudiera pensar. Había ya tomado la decisión de guiar sus pensamientos porque consideraba que me pertenecía para siempre. Que ella no estuviera de acuerdo sólo lo consideraba como un obstáculo menor.

Únicamente con su nombre, le pedí a mi profesor de canto que la encontrara. Él encontró esta historia muy divertida. Me decía: "Por fin vas a humanizarte", no entendí qué podía encontrar de inhumano en mí y me sentí un poco molesto pero no quiso explicarme nada.

Sus averiguaciones fueron largas y por ende, tuve que calmarme trabajando con un celo duplicado. En estos días fue cuando lancé el programa que permitía a los católicos ser aceptados por los protestantes. Hasta entonces, los católicos estaban a la espera del regreso de los protestantes a su seno, pero era momento que perdieran tamaña arrogancia. La caridad les pedía una tarea… y cuando la caridad pide, me reía para mis adentros, nada malo puede venir.

Con todo esto, yo aseguraba que llegaríamos a la supresión del latín, de los ornamentos sacerdotales, de las estatuas, imágenes, velas, rezos (a fin de que ya nunca se arrodillaran). También insté a iniciar una campaña muy activa para eliminar el signo de la cruz, signo practicado en las iglesias romanas y griegas, ya que este signo ofende a los otros al dar a los cristianos mayores cualidades de santidad. Este signo, así como las genuflexiones, son hábitos ridículos.

De igual forma visualicé (en 1940) el abandono de los altares, reemplazados por una mesa desnuda... y el abandono de los crucifijos con la intención de que el Cristo sea considerado un hombre y no un Dios.

Insistía en que la Misa no fuera más que una comida en comunidad, donde todos, incluyendo los no creyentes, estarían invitados.

Y esto me llevó a otra profecía: el bautismo, el cual se convertiría para el hombre moderno en una ceremonia ridículamente mágica. Ya sea por inmersión o no, el bautismo debe ser abandonado en favor de una religión adulta.

Buscaba la forma de eliminar al Papa... pero no encontraba ninguna posibilidad. Mientras no se dijera que esas palabras que dijo Cristo: "Tú eres Pedro y sobre esta piedra edificaré mi iglesia, y las puertas del infierno no prevalecerán contra ella" fueron inventadas por un fanático romano (aunque estaría difícil probarlo o hasta imposible) siempre habría un Papa en el poder. Me consolaba esperando que podríamos volverlo antipático, así que era muy importante despotricar contra él cada vez que hiciera algo nuevo, o hasta cuando quisiera revivir viejas costumbres, alegando que eran imposibles de seguir.

Más allá, todo lo permitido en los protestantes (aún en una sola secta) debería ser bien visto por los católicos. El matrimonio de divorciados, la poligamia, la anticoncepción, la eutanasia... la Iglesia Universal deberá recibir a todas las religiones y filosofías no creyentes. Era urgente que las iglesias cristianas renunciaran a su decoro... mi idea era hacer una invitación a una gran limpia.

Todo lo que excitara el corazón y el espíritu a rendir culto a un Dios invisible debía ser suprimido sin remedio. No hay que creer que yo ignoraba (como algunos otros) el poder que emana de estos gestos y de todo lo que habla a los sentidos.

Una mente un poco más reflexiva se habría dado cuenta que yo quería eliminar todo lo amado, aunque severo al mismo tiempo, en una religión. Para dejar un poco de seriedad, debíamos de usar el siguiente truco: pretender que este cruel Dios fuera sólo una invención humana (¿un Dios que manda a su hijo para que sea crucificado?).

Pero debía tener cuidado que mi odio no se transmitiera en mis escritos. Necesitaba que ganara más la dulzura que el lamento.

Mientras me regocijaba en mis ideas y profecías, mi profesor de canto me habló. La había encontrado y me invitaba a un concierto esa tarde donde podría verla de nuevo. Afortunadamente obtuve fácilmente permiso para salir. Tenía una buena voz y las personas de iglesia siempre han sido condescendientes con los músicos.

La vi aún más bella que la primera vez. Tan, tan bella... ¿cómo no volverse loco?

Ella aceptó ir a tomar una taza de té el siguiente sábado a casa de mi profesor de canto. Fingí que yo vivía en el centro universitario.

Mi profesor de canto se llamaba Achille, y me pidió que cuando estuviéramos con "Cabellos Negros" lo llamara "Tío Achille". Comprendí que quería dar la ilusión de que yo tenía una familia. Pero no me sentí muy agradecido con él porque entendí que él esperaba verme encaminado al matrimonio. ¡Cómo podía tener esos pensamientos tan absurdos!... seguro era que él sabía que no tenía vocación sacerdotal, pero que no había adivinado el poder y seriedad de mi vocación socialista.

Aunque reflexionando vi que esta incomprensión, signo de la fuerza de mi carácter y de la calidad de mi juego, no podía sino facilitar mis deseos. Para ser un verdadero gran hombre, es una ventaja el parecer mediano y hasta mediocre. Aquéllos que se pavonean frente a las multitudes no son quienes mueven realmente las cuerdas.

Mi "Cabellos Negros" pareció divertirse en casa del Tío Achille. Desplegué todos los encantos de mi temperamento. Aunque nadie me había enseñado cómo hacerlo, pude constatar que es instintivo. Tuve mucho mérito. La mujer de mis sueños llevaba un vestido azul con una sola joya: una gran medalla de la Virgen, la llamada "medalla milagrosa".

Mis ojos volvían y volvían a este objeto y ardían, me hubiera gustado arrancársela y arrojarla por la ventana.

Capítulo 9

Un celoso antirreligioso hubiera querido arrastrar a "Cabellos Negros" a su lado

Me rendí a la evidencia, estaba enamorado completamente por primera vez, enamorado como un pobre tipo en el que la inteligencia no domina los instintos. No encontré más que una solución: tener un mayor celo por la defensa y promoción de la gran causa del proletariado.

Por eso, en esta época fue cuando lancé mi campaña de diálogo bíblico, que se trataba de mover a los católicos a tener una lectura asidua y reflexiva de la palabra de Dios haciendo un libre examen (cosa que habían hecho los protestantes durante cuatro siglos ya). Mostré que este proceder nos había dado muchas generaciones de verdaderos adultos y dueños de su propia vida. Por medio de este método piadoso, excitaba a los católicos a sacudirse el yugo del papado y los protestantes serían los Maestros de estas nuevas generaciones.

Aunque di a los protestantes esta posición dominante, también los debilité sin darles el orgullo de la libertad para adivinarlo. Esta debilidad provendría naturalmente, de la emulación de más sectas. En este ejercicio, los católicos ya no serían árbitros, pues ahora ellos sólo estarían preocupados por el deseo de reformarse ellos mismos.

Era un juego de niños persuadirlos de que debían operar a la vez un retorno al origen y de esa forma una modernización. Sugería entonces, que el celo de dar a todos en todas las lenguas diferentes traducciones de la Biblia, no debía ser disminuido. Ahí también pude observar una emulación… no hablaba yo de la cuestión financiera claro, pero es evidente que dada la cantidad de traducciones hechas no fue algo que se les escapara a los hombres de Iglesia.

La modernización de la palabra de Dios permite atenuar la intransigencia. Y esto pasa de forma natural. Cada vez que una palabra parece de un uso poco común y corre el riesgo de ser incomprensible, hay que buscar la forma de reemplazarla por otra más simple… de sobra está decir que tiene que ser una palabra de menos profundidad. ¿Cómo podría quejarme?

Estas nuevas traducciones iban a facilitar los diálogos bíblicos en los cuales tenía grandes esperanzas ya que ellos tenderían a enviar a los hombre fuera de la Iglesia (no importaba dónde) y permitir a los laicos de mostrarse a su altura.

También propuse diálogos bíblicos interconfesionales, el cual era mi verdadero objetivo, aunque no me detuve ahí. Propuse que se examinara el Corán y otros libros orientales.

Para olvidar a "Cabellos Negros", preparé muchas sesiones de diálogos con diferentes aspectos claves. Uno de mis diálogos preferidos era acerca del Papa, ya que este personaje es verdaderamente un obstáculo para mí. Cuando digo "este personaje" me refiero también a los textos donde él se apoya. Estos textos son tan problemáticos para mí como para los cristianos separados (como ellos se denominan).

Estoy muy agradecido a aquél que pensó que el verbo "prevalecer" era incomprensible al hombre moderno y la cambió por "poder", así que en lugar de decir: "las puertas del infierno no prevalecerán", ahora se escribe "las puertas del infierno no podrán nada contra ella".

Eso facilitaba mucho las reuniones de diálogos bíblicos, al menos en los países francófonos. Todo el mundo se da cuenta rápidamente que esta profecía que pretende que el Infierno no puede nada contra la Iglesia es absolutamente falsa y cada uno respira tranquilamente al ver que esto desecha esa vieja creencia de un poder divino que la protege y sostiene por siempre los esfuerzos de los católicos (pero jamás de los herejes).

Me gusta también lanzar mis diálogos sobre el laberinto del Antiguo Testamento. El Génesis solo puede hacer sufrir y convertir en loco a un hombre honesto. Entre más viejo me volvía, más pude constatar que sólo la fe del carbonero y la fe del niño pueden sobrevivir en un mundo donde reina la inteligencia. Y me atreví a preguntar: ¿hay muchos carboneros aún?... pero aún más importante… ¿hay aún niños? Parece que hoy en día, al menos en la raza blanca, los bebés al nacer son suplantados por pequeños adultos muy inquietos, aunque no sé si deba alegrarme porque que se pierda la fe está bien, pero entonces... ¿mi fe podrá ganar? Son muchas interrogantes.

Poco después de mi tercer encuentro con "Cabellos Negros", Francia, su país de origen, fue invadida por los soldados de Hitler y pareció no oponer más que una resistencia fingida. En esta ocasión, le escribí una bella carta para consolarla. Ella aceptó ir al campo conmigo. Tenía un auto que le había prestado su tío.

Ella de hecho, estaba de visita aquí en casa de su Tío, pero en realidad ella siempre había vivido en Francia, justamente en la zona invadida. Hubiera querido regresar a su país, impulso muy humano que me asombraba, ya que amaba su valentía y esa necesidad de sobresalir. ¡Cómo me hubiera gustado que fuera mi colaboradora! Sin embargo, no me animaba a tocar el tema de la fe y ni siquiera, los problemas políticos. La medalla que llevaba incluso ese día, en nuestro cuarto reencuentro, ponía todo un mundo en medio de nosotros dos.

Cuando tomábamos el té en un establecimiento encantador, que parecía reservado a los enamorados, una pareja nos hizo un pequeño signo de saludo discreto pero que me llenó de inquietud, ya que el hombre era hermano de uno de mis condiscípulos, había yo estado invitado en su casa con su familia y me conocía bien. ¿Acaso pudiera haber olvidado que yo era seminarista? No valía la pena tener esa esperanza. La joven que lo acompañaba era una prima de "Cabellos negros".

Estaba furioso y ella lo notó. Me ofreció presentarme a sus Tíos para que yo pudiera ir sin problema a visitarla a su casa o a la de ellos. Tuve ganas de preguntar: ¿Con qué título me presentaría?

¿Prometido? ¿Cómo podría decirle que la quería para mí solo pero que no la desposaría jamás? No, estaba condenado al celibato católico para salvar la causa del proletariado.

Si ella hubiera podido comprender mi ideal hubiera sido maravilloso, pero no quería tocar el tema. Si así hubiera sido, hubiera podido ir a visitarla a su casa y ella hubiera podido aceptar un rol oculto.

Ella vio que no estaba muy entusiasmado con la idea de ser presentado a su familia y su rostro se ensombreció. No fue una primera disputa pero sí un primer grave malentendido.

No tenía suficiente dinero para rentar un departamento ni un estudio ya que el Partido no admite el despilfarro al ser un grave defecto burgués.

Ese día, nos separamos fríamente. Ambos sentíamos que fuerzas desconocidas se aliaban contra nuestro amor naciente. No hacía falta hablar para sentir aquello.Además, yo me preguntaba si ella no estaría motivada únicamente, como tantas otras jóvenes, por el deseo de casarse. Deseo legítimo evidentemente, y que no se lo reprochaba, pero en este caso, deseo fatal.

Así pues, le dije adiós con una sutil frialdad y sin preveer el siguiente reencuentro. Me respondió con un pequeño temblor y se alejó lentamente. Me quedé quieto sin moverme, mis ojos fijos en ese cuello blanco que se inclinaba por el peso de demasiado cabello y por pensamientos muy tristes. Como seguía yo inmóvil, ella se volvió y me miró. Una docena de metros nos separaban... cuando vi esta maravilla: ella volvía lentamente, sus ojos en mis ojos... ella volvía... ella volvía a mí. Cuando estuvo cerca levantó suavemente sus manos y las puso en mi espalda. Ella seguía mirándome y yo aún sin moverme. Ella continúo su gesto aproximando sus labios a los míos. Fue la primera vez que besé a una mujer.

Capítulo 10

Una simple medalla se permite jugar un rol cual si tuviera derecho sobre los hombres con quienes se encuentra

Afortunadamente había rentado desde el inicio un buzón (postal) del cual el tío Achille tenía la llave. Este buzón era muy útil para poder rechazar, sin darlo a notar, el hecho de dar un verdadero domicilio. Unos días después de ese beso, cuyo recuerdo revivía todas las noches, recibí una maravillosa carta de "Cabellos Negros".

Ella me escribió: "… para que pueda continuar pintando de forma seria, mi tío me rentó un pequeño taller, te espero ahí el sábado para tomar té".

En esta época abandoné el canto y pasaba todos los sábados por la tarde en el taller. Mi amiga hasta hizo un retrato de mí. Debo reconocer que tenía un verdadero talento y que yo estaba muy orgulloso por la forma magistral en la que ella había representado mi personalidad. A través de este retrato, me daba cuenta mejor de lo que yo era para ella. Sin mentir, yo estaba mejor que el príncipe encantador. Era mucho más conquistador, más viril y quizá con un cierto toque de crueldad.

Le pregunté cómo veía mi carácter y si realmente suponía que tenía defectos secretos inquietantes. Ella pareció indignada. Le aclaré: "Este retrato revela un espíritu conquistador y orgulloso con un cierto toque de crueldad". Ella estaba aturdida y me respondió que tenía mucha imaginación y que al contrario, ella había querido representar eso que yo era para ella, es decir, el hombre ideal... ¿y cómo el hombre ideal iba a tener defectos secretos? Le pregunté entonces cuáles eran mis defectos aparentes, puesto que no tenía secretos. Ella me respondió con una previsión desconcertante que era un gusto definido para la " torre de marfil".

Para que me perdonara, le aseguré que era la verdad, y que ella estaba siempre conmigo dentro de la torre de marfil. Me dijo que no lo dudaba, pero que eso era una presencia que sólo yo podía sentir y que ella sólo sentía ausencia. ¿Cómo conciliar el deseo de tenerla toda para mí con aquél de no poder ser todo de ella?

Ella me preguntó cuál era el obstáculo que me impedía estar disponible y ser transparente. Dudé un momento... y después, jugándome el todo por el todo le señalé la medalla que colgaba de su cuello.

Me miró con un profundo asombro: "¿No tienes Fe?" – me preguntó.

"No" – sin ningún otro comentario. Ella me pidió explicarle el efecto que la medalla me hacía. Le expliqué:

"La medalla es un obstáculo en el sentido de que ella representa una cosa que nosotros no podremos amar juntos jamás". Como ella parecía reflexionar, le insistí: "Además, siempre parece que se interpone entre nosotros con la finalidad de que no podamos estar juntos". Ella se quitó la medalla y me la tendió.

La tomé y la puse en mi bolsillo preguntándome qué iba a hacer con ella. Creo que era de oro. Me hubiera gustado fundirla para grabar algo diferente pero era imposible.

Por este gesto, ella había unido nuestros destinos de una manera extraña. Tuvo la delicadeza de no preguntarme qué iba a hacer con la medalla.

Los siguientes días, estuve lleno de inquietudes a este respecto. Tuve la tentación de investigar y aprender sobre este objeto que se presumía ser "milagroso". No es que yo creyera que este objeto pudiera hacer milagros, ya que desde mi punto de vista nadie hace milagros. Los que se cuentan o son inventados, o se explicarán científicamente después.

Sin embargo, leí que esta medalla era famosa por constantemente atraer a incrédulos a la Fe. No creía que esto fuera realidad, ni siquiera en ese tipo de posibilidades claro, pero temía que mi tierna amiga tuviera esa intención en el corazón, y eso destruía para mí el gesto que tuvo de darme y sacrificar su medalla, porque viéndolo así, ella no había hecho ningún sacrificio, sino al contrario.

¿Era yo estúpido hasta ese punto? ¿No es por estupidez

que uno se atormenta por estas cosas?

Algunos meses más tarde cuando estábamos los dos mirando sus últimos bocetos delante de un fuego de leña que favorecía el apaciguamiento, se lo pregunté tranquilamente.

Ella se acurrucó en mis brazos y me dijo: "Yo jamás miento, así que, sí. Quiero que mi medalla opere tu conversión. Se lo pido en las mañanas, en las noches y numerosas veces durante el día, quizá todos los cuartos de hora querido mío...". No sabía qué responder. No tenía miedo de esta medalla y sus oraciones, para mí eso era infantil... pero aun así me dolió esa derrota porque lo que yo quería con todas mis fuerzas era tenerla como colaboradora (y sin medalla).

¿Era la guerra entre nosotros? Entre más reflexionaba, más veía que la lógica quiere que sea el hombre el que gane, al menos en un amor tan fuerte y ardiente como el nuestro. Pero no dije nada similar. Yo sabía que ella no podía ser mía mientras no pensara como yo. No por orgullo sino porque siendo así, tendría que explicarle porqué nunca podría casarme con ella. Si ella hubiera tenido mis ideas y me hubiera querido ayudar en mi misión, ella podría haber aceptado vivir maritalmente en secreto conmigo. Porque no solamente no podía casarme jamás, sino que tenía que aparentar ser casto.

Una tarde de invierno, cuando yo cerraba las cortinas mientras ella servía el té, me pareció haberme pinchado el dedo con un alfiler olvidado en la borla. Miré más de cerca y vi que se trataba de una medalla muy pequeña en un metal blanco y con un anillo muy mal hecho que tenía una saliente que era lo que picaba. Era el mismo tipo de medalla pero más pequeña.

Cuando me volví, ella me veía y había comprendido. "Así pues, la cortina tiene también necesidad de convertirse" le dije amargamente.

"No seas absurdo y grosero" – me respondió. "Es justamente porque no quiero ser absurdo que quiero entender qué esperas de este talismán" – Contesté.

Se enojó y se puso roja: "¡No es un talismán!" – "¿Entonces qué es?" – "Un acto de fe" – "Fe… ¿en qué?" – "No en qué, sino en quién. En Ella, la Madre de Jesucristo" (si utilizo mayúsculas es porque ella hablaba con mayúsculas).

No quise empezar una discusión vana así que me callé. Ella volvió a hablar en voz baja: "No hay que creer que el metal o la madera o el papel tienen la menor importancia. Sé que ése es el aspecto del problema que te horroriza. Pero una medalla no es sino una forma simple de exteriorizar la Fe, y aún más, de aumentarla. Tener esta medalla siempre conmigo y en la casa donde trabajo, me incita a rezar más seguido a Aquélla que me dio a Jesucristo".

Así pues, ella no había realmente sacrificado su medalla dándomela porque tenía otras. En ese momento, no sé qué me detuvo de golpearla. Ella nunca supo lo cerca que estuve de hacerlo. Hubo un largo silencio en el que yo temblaba de enojo. Me hubiera gustado gritar y sacar todo mi odio.

Dije: "Tú eres mía y no puedo soportar que ames otra cosa aparte de mí" – "¡Vaya que eres extraño! Estos amores no se pueden comparar. Lo religioso va en un campo diferente. No es asunto de la inteligencia ni del corazón" – "¿Entonces de qué se trata?" – pregunté con impaciencia.

Ella me respondió dulcemente: "Es asunto de lo sobrenatural" – "No conozco tal campo" – "No te creo" – dijo ella con su sonrisa a la cual no me podía resistir.

¿Era ella consciente de que me dominaba únicamente con su gran sonrisa? A veces parecía que no había nada más sino este extraño poder sobre mí. Su sonrisa es lenta, uno tiene tiempo de verla venir. Sus labios se abren con tanta suavidad y tanta lentitud que uno se pregunta si llegarán a sonreír por completo. Cuando el brillo de sus dientes aparece uno se siente lleno de alegría, al menos ese era mi caso. Cuando sonreía me abandonaba a la delicia de esta luminosa ternura. Justo lo que necesitaba en esos momentos, un calmante que me reconfortara.

Justo ahí, ella me formuló la pregunta más extraña: "¿Por qué no quieres casarte conmigo?". Jamás le había dicho que yo no quería. Pero "Cabellos Negros" parecía tener un don de adivina, un don que a veces me daba miedo. ¿Qué sabía ella realmente de mí?

Le contesté: "No deseo casarme pero no te puedo decir porqué". Ella soltó un pequeño suspiro y me dijo: "¿Es porque creo en Dios?". Las mujeres son extrañas, pueden pasar de la puerilidad a la adivinación. Mi madre era igual. Le respondí: "Una pareja debe tener los mismos amores, así pues, es en efecto, el más grande obstáculo".

Ella me sonrió de nuevo mientras decía: "Yo nunca amaré a nadie más que a ti".

Capítulo 11

El trabajo destructor parece tener grandes progresos mientras enfrenta barreras ridículamente infantiles

En este tiempo tenía mucha energía enfocada en destruir la devoción mariana. Insistía en el daño que hacen los católicos y los ortodoxos a los protestantes a causa de sus múltiples devociones a la Virgen María.

Remarcaba cómo los hermanos que se separaban eran mucho más lógicos y sabios. Esta criatura humana de la cual no sabemos casi nada, se vuelve para los católicos en cierta forma más poderosa que Dios (o por lo menos, más gentil).

En esta ocasión, defendí los derechos de Dios con mucha diversión. Puse en relieve que muchos protestantes creen que María tuvo otros hijos aparte de Jesús. ¿Pero también creen en la Virginidad de su primer hijo? Es difícil decirlo porque es difícil determinar las creencias exactas de las diferentes sectas. La verdad es que cada quien cree lo que quiere, no obstante, es muy fácil saber lo que ellos detestan.

Luego, abogué por la supresión de las capillas y de los

días de fiesta dedicados a María (en mi misal se podían contar veinticinco y sin agregar ciertas fiestas regionales). Aparte, hay que encargarnos de la destrucción total de las medallas, imágenes y estatuas. Mucho trabajo por hacer pero valía la pena.

A pesar de todo, no podía encontrar la forma de eliminar Lourdes... o Fátima... y algunos otros lugares de menor importancia. En el caso de Lourdes es terriblemente aburrido... es una llaga abierta en el corazón de los protestantes. Jamás la Iglesia Universal podrá implantarse en tanto que este lugar de peregrinaje atraiga a millones de individuos de todas las razas cada año.

Realicé un estudio especial del fenómeno "Lourdes" pero este intenso trabajo no me sirvió de mucho, aunque hay que hacer hincapié en que hay una marcada diferencia entre los testimonios primitivos. En algunos se habla de que Bernardita se desmayó y fue perseguida por la aparición hasta el lugar donde ella vivía, un molino si la memoria no me falla. El otro negaba este hecho. La niña en cuestión tampoco lo reconocía. Otro testimonio decía que ella había olvidado todo, pero esto no parecía muy serio.

Detesto la propaganda que se basa en mentiras. Sé bien que mentir está permitido en el Partido cuando hay algo muy grande en juego, pero por mi parte, prefiero la dignidad. Me siento más fuerte. Siento que estaré por encima de aquéllos que se valen de las mentiras. Creo que es posible ganar jugando siempre con la verdad, únicamente hay que saber interpretar el aspecto útil de cada verdad.

También puedo decir que mi misión se basaba por completo en esta orden de Cristo: "Amaos los unos a los otros". Simplemente, yo dirigía las miradas caritativas de toda la Iglesia en los cristianos, llamados "herejes"... y al escucharme la Iglesia desobedecía a los apóstoles sin ser conscientes de ello.

Otra cosa difícil era que para destronar a María, teníamos que suprimir la Navidad... o más bien, la Navidad tenía que volverse una fiesta de igual alegría para los no creyentes. Nadie sabría ya explicar por qué ni qué se festejaba. Lo único que había que dejar sentado es que la paz y la alegría son bienes muy deseables en esta época.

Por lo demás, me consuela remarcar que si Jesús de Nazaret no es hijo de Dios, su madre no tiene la menor importancia. Ni siquiera vale la pena conocer su nombre. Y para aquéllos que quieran continuar admirando la mayor parte de la enseñanza moral de Jesús (que yo acuso de ser revolucionaria) se convierte en algo ridículo venerar la infancia de Jesús. ¿Qué es ese pequeño bebé en un establo? ¿Qué es lo que cambia?

Hay que remarcar que si los protestantes no creen generalmente en el nacimiento virginal del Profeta Jesús, setecientos millones de musulmanes sí creen en este dogma a través del Corán y esto, obliga a la mitad de la humanidad a venerar a esta joven... verdaderamente muy curioso. Sin embargo, es más curioso que los musulmanes no acepten a Jesús de Nazaret que como profeta, y ¡como profeta por debajo de su Mahoma!, quien nació de una forma bastante normal. La rareza humana no tiene límite.

Pero todo ello no hacía más que fortalecer mi convicción que negar la virginidad de María es el mejor remedio para transformar a los cristianos en discípulos de un hombre, que a fin de cuentas, ya no es un Dios. ¿Quién no puede ver la utilidad de matar a Jesús de Nazaret antes que matar a Dios? Los evangelios y las epístolas, en fin, todo el Nuevo Testamento, se convertirían en mera palabra de un hombre y entonces, cada quien podría tomar lo que le pareciera mejor, criticar lo que no le parece y negar lo que le parece exagerado... es eso lo que hay que lograr.

Si en Oriente, las imágenes representan la principal devoción a María y son hoy en día, destruidos o escondidos en toda Rusia, en Occidente, los rosarios son muy populares. También esta devoción que mueve a honrarla rezando quince misterios debe ser irremediablemente destruida porque es capaz de mantener y propagar la fe en una Trinidad. Como todo lo demás, es necesario que los católicos tengan consciencia del mal que hacen a los que lo rezan.

Ése es básicamente el resumen de las órdenes que enviaba por todo el mundo en la época en la que en mi cuarto de seminarista, había colgado encima del retrato de la que nunca podría desposar, la medalla "milagrosa". Alguno podría pensar que yo pedía un milagro, mientras que la realidad era que quería fortalecerme en mi odio, el cual de por sí ya era bastante grande.

El siguiente sábado, "Cabellos Negros" no pudo recibirme porque había ido justamente a una peregrinación mariana. Mi rabia igualaba mi hilaridad porque era seguro que era para pedir mi conversión que la pobre pequeña se hacía todo ese mal. Entonces, fui a cultivar mi voz, la cual había abandonado en las últimas semanas. Mi amigo Achille se puso muy contento. No pude evitar contarle toda esta historia de la medalla.

Me quedé anonadado por su respuesta: "Presta atención, ya que todo lo que se dice de esa medalla es cierto. Si la tienes en tu cuarto, estás en peligro". Le pregunté si estaba enfermo y si tenía fiebre. Me respondió que no pero que la sola vista de la medalla le ponía enfermo y que no podría soportar su presencia sin volverse loco.

El corazón humano es un pozo incomprensible. Que mi viejo profesor de canto, ardoroso comunista, tuviera semejantes ideas me preocupó demasiado. Por primera vez en mi vida dudé del éxito de mi misión. Me sentí terriblemente infeliz y me detuve a pensar entonces que este trabajo era mi única razón de vivir, mi único amor. Lo sabía teóricamente pero este día, lo aprendí en el sufrimiento de mi mente, disgustada por la estupidez del corazón humano.

Quería discutir con él, pero fue en vano. Achille me dijo: "No creo en nada, ni en Dios, ni en el diablo y mucho menos en la Virgen María, pero tengo miedo de esta Medalla, es todo".

"¿Crees que ella te puede convertir?" – pregunté sacudiéndolo por los hombros. –"Claro que no, sólo tengo miedo" – "¿Pero no te das cuenta de la estupidez de este miedo? ¿No ves que sería honorable para ti colocar esta medalla en tu casa con el fin de superar este miedo infantil?".

No respondió y yo insistía. Me dijo: "Hablemos de otra cosa".

Le grité: "¡No!, llegaremos al fondo de este problema, porque es el destino del hombre el que está en juego por esto que tú crees que es solamente algo pueril. ¿Qué sería de los comunistas si al igual que tú, estuvieran secretamente aterrorizados por una imagen o una medalla? ¿Qué sería de ellos? Reflexiona".

Pero él no quería reflexionar. Era entonces el momento de que yo lo hiciera por él porque siempre ha sido para mí difícil de actuar pasivamente delante de una derrota. Todo lo difícil me excita y beneficia.

Así que, para contrarrestar su obstinación me marché azotando la puerta, pero sabía perfectamente lo que iba a hacer.

El siguiente sábado, antes de ir a encontrarme con "Cabellos Negros", pasé a casa de Achille con un clavo, un martillo y la medalla con su cadena. Sin darle tiempo de discutir, me dirigí al cuarto donde dormía, coloqué el clavo en la cabecera de su cama donde se coloca normalmente el crucifijo y ahí, colgué la medalla "milagrosa".

Cuando volví el siguiente sábado, Achille se había mudado y jamás supe lo que fue de él. Esta fuga me trajo problemas para seguir mis actividades normales, al menos hasta que lo pude reemplazar. Antes de irse, me había enviado la medalla y la llave de mi buzón que él tenía.

Capítulo 12

El catecismo del año 2000 y un pobre pero celoso estudiante

Para el año 2000 en especial, trabajé con ardor en la elaboración de un nuevo catecismo (que fuera lanzado en ese año) y que pudiera convertir a la Iglesia Universal, misma que quería ver establecida en el mundo entero para entonces.

Dar forma a las mentes de los niños pequeños es una necesidad vital para toda la doctrina que tiene respeto de sí misma. Enseñar el ateísmo desde la infancia, es importante porque el misterio de las doctrinas religiosas deja una cierta nostalgia, salvo en los seres superiores, como yo. Pero no sería honesto de mi parte negar que incluso los ateos no son sinceros con ellos mismos. A nadie le gusta admitir sus debilidades, por eso es importante no ser débil jamás. Por eso los fuertes deben dar a los débiles (que son la mayoría) un marco de enseñanza que les impida tropezar. De cara a las doctrinas religiosas, es sabio considerar a todos los hombres como discapacitados, al menos al término del siglo XX y es muy razonable esperar la cura para el año 2000.

En ese año, hay un cierto número de palabras que deben desterrarse definitivamente del vocabulario humano y así los niños no entenderán jamás estas palabras. Es por ello que es más útil hacer un nuevo catecismo que esperar la supresión de toda enseñanza religiosa, porque ésta no será posible hasta después de dos o tres generaciones. Por el momento, sólo hay que jugar con el fenómeno "Iglesia" = reunión de hermanos amigos de todo el mundo.

Este catecismo pues, será el resultado de esta amistad que reemplazará a la antigua caridad cristiana. La palabra "caridad" debe ser absolutamente olvidada y reemplazada por la palabra "amor" que permite mantener los pies sobre la tierra e incluso de jugar sin parecer, toda clase de juegos ambiguos.

Debo decir que siempre he tenido un gran respeto por el poder subyacente y subterráneo de los juegos ambiguos cuando son manejados por personas dignas de jugarlos.

Mientras preparaba este nuevo catecismo me di cuenta de todo lo que tiene que ser gradualmente modificado o eliminado en la educación actual y tuve el ardiente deseo de compartir con "Cabellos Negros" mis convicciones. De hecho fue ella quien me ayudó a pensarlas mejor cuando me describió la peregrinación y todas las cosas que se denominaban "milagros" realizados por la Santa Virgen María.

Le expliqué que todos los fenómenos religiosos, cualesquiera que sean, en realidad eran el fruto de su propia creación, pero ella lo negó vehementemente. Le dije: "Todo lo que no puedes ni ver, ni sentir, es el resultado de tu creación, no veo porqué te molesta esto".

"Es que no lo ves, porque no sabes que toda mi Fe me ha sido revelada y viene del Cielo. Jamás hubiera sido capaz de inventar todo esto". – "No quiero decir que lo hayas inventado tú, sino que es una imitación de tus ancestros, es todo".

"No" – me aseguró – "Es más que una imitación".

Le expliqué de forma calmada que por ejemplo, su creencia en la presencia real de Jesucristo en la Eucaristía produce la consabida presencia dependiendo de la fuerza de su Fe, pero que para alguien que no cree no se produce nada. Ella no quería aceptarlo, pero para mí era importante que esto fuera aceptado (en especial por ella) para beneficio de los protestantes. Mi objetivo real (el cual le escondía) era la supresión de toda Fe, pero antes había que hacerla pasar por este estado intermedio.

Se lo demostré a través de los evangelios, que en todas las curaciones efectuadas por Cristo, la fe era exigida. Por tanto, es esta fe quien en realidad opera la cura.

Pero era terca como un niño, insistiendo que el Cristo había querido despertar esa fe porque era un mayor bien incluso que la sanación del cuerpo físico.

Le expliqué que nada de lo que es religioso existe fuera de la fe creadora y que es por eso absurdo bautizar a los bebés, puesto que sería mejor esperar a la mayoría de edad, y que incluso un día, el bautismo sería eliminado por ser una acción mágica de un pasado un poco pueril.

Ella empezó a llorar y me dijo que debíamos dejar de vernos un cierto tiempo. Estuve de acuerdo porque tenía muchas cosas que hacer y porque pensaba que una separación la haría más dócil, ya que las mujeres soportan menos los dolores que los hombres. En cuanto a mí, la quería mucho y estaba orgulloso de probar mi fuerza.

Obtuve permiso para asistir a dos cursos universitarios, lo que me permitió navegar en ese medio sin tener que revelar que era seminarista. El Director me dio permiso para vestirme como civil cada vez que lo juzgara necesario. Incluso pareció admitir que la sotana se había convertido en un anacronismo. Nos comprendimos casi sin hablar sabiendo ambos que el sacerdote moderno sería muy diferente a sus predecesores. Es una trivialidad tener que repetir que hay que marchar acorde a su tiempo. Por mi parte, yo pensaba que la Iglesia ya estaba muy retrasada. Me parecía fácil demostrar que desde el Concilio de Trento no se había alterado casi nada y que había necesidad de recuperar el tiempo perdido.

Me faltaba también reemplazar a Achille porque yo no podía ir personalmente al buzón, ni codificar mi correspondencia, ya que no tenía tiempo. Me hacía falta un hombre seguro y en plena guerra, era difícil encontrarlo.

Finalmente, recibí órdenes de ponerme en contacto con un profesor de Universidad, cosa que primero me pareció muy conveniente, pero cuando vi al buen hombre, me rehusé. Tengo un cierto don para juzgar a las personas y éste, era la imagen de la traición. Le di pues, la llave de mi buzón, pero decidí preguntar antes a las altas autoridades antes de entregarle mis trabajos a codificar. Para mi pésima suerte, recibí la orden de obedecer sin discusión alguna.

Estaba atormentado y finalmente, decidí buscar a un segundo ayudante, a quien le confiaría el mismo trabajo, al menos, así podría hacer comparaciones al término de la guerra.

Incluso llegué al punto de desear que mis sospechas fueran verdaderas, primero por la satisfacción de tener razón, pero también para comprar el valor de mis diferentes ayudantes, a quienes encargaría dos diferentes textos del mismo tema y llevando la firma E.S.X. 1025, La X significaba únicamente que era un estudiante seminarista activo. Si el Profesor era un traidor, tenía que ser muy cuidadoso para poner transformaciones prudentes en mis textos a menos que él pensara que podía tomar ventaja de la guerra para destruir todo mi trabajo. Fuera cual fuera el caso, tenía buenas razones para contratar un segundo ayudante.

Éste, lo encontré entre los estudiantes pobres. Era un poco exaltado pero su celo era el que me convenía. Le dejé entrever que podría tener un futuro muy prometedor entre nosotros. No es hábito del Partido motivar el egoísmo y la avaricia en el hombre, pero tenía que suscitar en este joven una calma prudente.

Cuando hube dejado todo en claro y arreglado, sentí la fuerte necesidad de ver de nuevo a mi "Cabellos Negros" y por eso, pude constatar lo mucho que la necesitaba a pesar de que creía que no. La quería y necesitaba mucho, lo cual no convenía a un comunista militante y mucho menos, a un futuro gran jefe del Partido.

Había ya cumplido tres años en el seminario, no me restaban más que tres años más. Una vez concluido el plazo, todo el mundo estaría de acuerdo en enviarme a Roma para continuar con estudios superiores. Después, me convertiría en profesor seguramente. Profesor de seminario. Ésos son los puestos clave de la Iglesia, aquéllos donde es posible formar pacientemente un clero nuevo que no tenga nada en común con el antiguo más que el nombre.

Mi vida estaba ya trazada y yo no deseaba ninguna otra. Sin embargo, debía admitir frente a mí mismo que un grano de arena tan poderoso como una roca se había introducido en el engranaje. Si hubiera tenido un carácter frívolo, hubiera podido considerar a "Cabellos Negros" como un pasatiempo sano, pero la verdad es que yo no quería nada serio con ella mientras ella no compartiera mis más queridas convicciones. Para mí, la unión del hombre con la mujer o es total o no vale nada. La unión de corazones y de espíritus es más fuerte que cualquier otra.

Si "Cabellos Negros" hubiera querido adoptar mis doctrinas, hubiera podido pedirle que me siguiera a Roma y a donde fuera después… sí, hubiera podido hacerlo. Pero ¿cómo arrancar de su espíritu las puerilidades que lo complicaban?

Me encontraba en la siguiente posición absurda: ser el

hombre que se había propuesto destruir todas las religiones del Globo... ¡pero que no podía convencer a una pequeña joven de veinte años!

Sabía que debía dejarla, sabía que el Tío, con Rusia en guerra no hubiera estado muy contento si sabía de todo este asunto. También pensaba que no estaba tan vigilado por el Partido en esa época por no ser tiempos de paz. Pero aun así... la magnitud del dolor de hacerlo era tan fuerte que no era algo que YO tuviera la valentía de hacer.

Capítulo 13

El símbolo de los apóstoles y los siete sacramentos son severamente censurados

Trabajando en mi nuevo catecismo, que se podría llamar: "Catecismo de la Religión del Hombre", observé que sería prudente de mi parte preparar como diferentes "tomos o series" de éste, en los cuales se fueran introduciendo poco a poco todas las modificaciones y restricciones para que se vayan acostumbrando poco a poco.

Mi primera edición iba a suprimir dos puntos del Símbolo de los Apóstoles. Primeramente, tendría que reemplazar la palabra "católico" por "universal" que quiere decir lo mismo al final del día, pero era extremadamente importante que la palabra "católico" no estuviera más ofendiendo a los oídos protestantes y que tampoco incitara a los fieles del rito romano a sentirse como "súper cristianos".

A continuación ir quitando poco a poco el culto de los santos... ellos deben desaparecer antes que Dios, a pesar de que es más fácil olvidar a Dios que a los santos, pero por el momento me atengo a esto: eliminar a todos aquéllos que no estén verdaderamente comprobados y a aquéllos que no tuvieron un éxito real y tangible. También eliminar a todos los que ayudaron a luchar contra la reforma, porque ya no son referencia en esta época, donde la unidad debe triunfar en los corazones.

Más tarde, será muy astuto solicitar discretamente, con mucha emoción y muchas lágrimas de cocodrilo, la rehabilitación y después la beatificación o la canonización de los más grandes herejes, especialmente de los que mostraron un odio ardiente, voraz y explosivo contra la Iglesia de Roma. Habrá que hacer algunas pruebas, como por ejemplo con Lutero, y si los católicos no reaccionan, es decir, no se indignan, esta sección de nuestras actividades jugará un pequeño solo, con prudencia y modestia en pequeños intervalos, y ya frecuentementen después.

Eliminar también la idea de un juicio, un cielo, un purgatorio y un infierno. Todo esto es muy fácil ya que bastantes son los dispuestos a creer que la bondad de Dios sobrepasa cualquier crimen, así pues, hay que insistir sobre esta "misericordia". El resto, pues sencillo: a un Dios al cual no se le teme se convertirá rápidamente en un Dios en el cual no se piense, que será un logro enorme del Partido.

Podemos guardar los diez mandamientos de Dios pero fingir que no existen los mandamientos de la Iglesia, que son ridículos… ¡ridículos!

* * *

Me permito interrumpir aquí las memorias de Miguel porque tengo muchas ganas de hablar. No sé qué pensará el editor de esto, pero seguramente tomará su pluma roja y dirá mientras tacha mis "impertinentes reflexiones": "¿Acaso se imagina esta mujer sin talento que voy a dejar que ponga su grano de arena en la mitad de un texto que no le pertenece?..." seguramente esto es lo que pasará y nadie más que yo, lo sabrá.

Pero si la pluma roja no tacha mis anotaciones debo decir que me siento responsable de esta publicación y porque los cinco mandamientos de la Iglesia, que nos han sido quitados bajo pretexto de dejarnos la noble libertad de santificarnos según sus gustos, son en verdad muy importantes y si me permiten lo quiero expresar.

No me gusta quejarme, no me gusta ser de las que se sienten satisfechos quejándose ni me gusta ser parte de los que tienen alma de esclavo (sólo quiero recalcar que no me siento atraída por este tipo de personas), pero hay que hacer notar que los cinco mandamientos de la Iglesia eran nuestros amigos.

Decir que sólo los obedecíamos imaginando que al hacerlo ganábamos en automático una eternidad de felicidad es casi insultante.

Pero yo, que no soy más que una pequeña enfermera acostumbrada a callarse, me atreveré a decir que los eclesiásticos de este siglo parece que buscan ser antipáticos. ¿Por qué? Es algo que no sabría adivinar pero es un hecho, universalmente conocido, que ellos buscan imponernos sus nuevas ocurrencias como si ellas procedieran de un amor sobrenatural hacia sus queridos y muy amados fieles, como si anteriormente nosotros, los fieles y borregos, hubiéramos tenido un dolor secreto viendo a nuestros queridos sacerdotes ejercer su ministerio al pie de un altar elevado y lejos de nosotros, situación que se agravaba (para nosotros) porque ellos estaban de espaldas a nosotros.

Es curioso que crean esto y que no se imaginen que los fieles sabíamos perfectamente que si estaban de espaldas es porque se dirigían a Dios en nuestro nombre, por supuesto.

Y así fue como conmoviéndose ante nuestro dolor y aislamiento (no sólo las mujeres son ingeniosas), primero se dignaron descender, primeramente a la altura del comulgatorio en días de fiesta, pero lo que sucedió con eso, fue que en esos días de fiesta sólo las primeras cuatro filas (de fieles) veían algo y el resto se sentían abandonadas.

Después, se les ocurrió poner una mesa al pie del altar y fue así, como el antiguo y tradicional altar pronto sólo se convirtió en un vestigio de un infantil y ostentoso pasado que había que demoler en este siglo en que el hombre está muy cerca de ser deificado.

Como el Santísimo Sacramento no puede ser guardado en una mesa, ha sido relegado a un pequeño agujero adaptado en una de las paredes del costado. Algunas otras lo guardan en lo que fue el tabernáculo y que hoy ya es sólo un pequeño armario despojado de todo lo que antes lo rodeaba.

Hoy, los sacerdotes celebran la Misa y otras ceremonias dándole la espalda al Santísimo Sacramento (algo que anteriormente estaba prohibido). Pero ahora nos dan la cara y nosotros podemos contemplarlos a nuestro gusto y al parecer esto es más importante, que nosotros podamos ver al sacerdote incluso si se suena la nariz.

En la nueva mesa (o "altar"), donde nadie sabe si está o no bendita o si guarda o no una reliquia de algún mártir (como es requerido desde los primeros tiempos), ponen hoy un pequeño crucifijo, pero después, como se dieron cuenta que el Cristo de igual forma nos daba la espalda, lo quitaron, al igual que las velas y otros accesorios poco útiles en un siglo tan científico. Ésta es su forma de colaborar con lo que ordinariamente se llama "mutación", palabra que designa cualquier cambio notable o indiferente y que está colocada en un pedestal que nadie se atreve a contradecir.

Siempre pensando paternalmente en nuestras necesidades espirituales, los sacerdotes de este siglo hacen todo tipo de descubrimientos y cambios. Habiendo notado que los protestantes (a quienes profesan un gran afecto) no se hincan en sus templos, pues concluyeron que nosotros debíamos desear hacer como ellos, pero dado que nosotros no estábamos aún lo suficientemente maduros para cultivar el deseo de imitar a los protestantes, ciertamente íbamos a desear imitar a nuestros sacerdotes, quienes ya no se arrodillan cuando celebran la Misa. También durante la Misa, se eligen a ciertos jóvenes colegas y les dan autoridad sobre los demás al dejarlos utilizar micrófonos. Fue aquí, cuando nos tuvimos que acostumbrar al: "De pie, sentados, de pie, sentados" toda la Misa, como si se tratara de órdenes militares que destruyen todo deseo de una humilde y callada plegaria... "de pie, sentados"... ya no vamos a la Misa para rezar, parece que gritan todo el tiempo. En una década ya estaremos amaestrados a la perfección y nuestros domadores podrán descansar. Aunque parece que ya le han tomado gusto al descanso dadas sus últimas modificaciones.

En primer lugar, han aumentado las concelebraciones donde un solo hombre se las ingenia para decir todas las palabras de la misa, y generalmente, escoge el camino corto, con la intención caritativa hacia sus colegas, quienes parece que esperan la palabra "amén" con gran impaciencia. Debido a ello, el Canon es muy breve ahora, y las Misas actuales le dan mayor importancia a la Lectura de dos o tres pasajes bíblicos (aunque nuestra cultura actual ya no sea capaz de comprenderlos), mientras que al sacrificio propiamente dicho (muchos creen aún que eso es sacrificio) le dan muy poco tiempo y con el máximo de ruido.

Estas concelebraciones permiten a todos los otros eclesiásticos presentes (quienes han pasado un alba rápidamente sobre sus pantalones, camisas o polo) no pronunciar más que algunas palabras de la Consagración con los brazos extendidos (cosa que los debe cansar un poco). Así pues, les permiten soñar todo el resto de la ceremonia.

Para halagar a los laicos y también hacerlos dóciles a futuras invenciones, las lecturas del Antiguo Testamento y las Epístolas pueden ser leídas por cualquier joven o persona que no sabe ni articular bien, o por una chica bonita toda mal vestida.

Espero que el editor y los lectores puedan perdonar a una enfermera que normalmente se controla, estas líneas donde cualquier persona con corazón leerá el sufrimiento de quien las escribió. Una vez más, pido perdón y ahora voy a permitir que el agente secreto hable de la causa que lo lleva a tratar de empujar la barca de Pedro al naufragio.

* * *

Acerca de la supresión de los mandamientos de la Iglesia, hay que sacar provecho de la exaltación que se le haga al cristiano para que se convierta en adulto y entienda que Dios es demasiado inmenso para preocuparse si comemos o no carne los viernes. En cuanto a la confesión anual, es buena idea reemplazarla por una ceremonia comunitaria donde un sacerdote enumere los crímenes más comunes contra las clases más humildes porque es sólo hacia esos pecados escogidos que hay que orientar los espíritus.

La confesión privada es una pérdida de tiempo... al

contrario, la ceremonia que yo visualizo, condicionará los espíritus y dará frutos excelentes, pero ésta necesita un clero bien capacitado.

En cuanto a la misa obligatoria de domingo, hay que remarcar que el hombre moderno tiene mucha necesidad de aire fresco y naturaleza, y que es deseable que pueda los fines de semana ir al campo.

También para aquéllos que acostumbran ir a misa entre semana, serán autorizados a que el viernes cuente como domingo para la obligación de ir a misa. O el día que les convenga, por ejemplo, si es el viernes cuando saldrán al campo, pues que escojan el jueves. Este método inventado por los protestantes y que consiste en obedecer a su conciencia es excelente. Permite no dar órdenes que podrían disgustar a algunos, sino reemplazarlas por sugerencias variadas que permiten que entre en juego el libre albedrío.

Como se entiende, hay que eliminar todo lo que haga referencia a lo sobrenatural y a la gracia. Ésas son las nociones peligrosas.

La oración, así como la oración dominical, serán conservadas por el momento. Pero sería muy astuto obligar a los católicos a tutear a Dios bajo el pretexto caritativo de adoptar en todos los países y con el uso de la lengua vernácula, una versión similar a la de los protestantes, como gesto amable para que nos sean perdonados cuatro siglos de arrogancia. Si estas nuevas traducciones en uso de lengua vernácula, no complacen a los más piadosos, cosa que es fácil prever, será mejor aún.

En seguida, hay que ocuparse de los siete sacramentos y hay que verificar cuáles se quedan, dado que los protestantes sólo tienen dos en general.

Todas las religiones guardan el bautismo, pero desde mi punto de vista, es el que quisiera ver desaparecer en primer lugar y me parece poderlo hacer relativamente fácil. Es un sacramento infantil, casi tanto como el signo de la cruz y el agua bendita. Empezaría por proponer que no se bautizara sino a adultos y a aquéllos que definitivamente estuvieran intranquilos al respecto. Cualquier hombre inteligente podría sacar tantos frutos de esto... verdaderamente no sé de donde me vienen a la mente todas estas ideas, soy un genio... y me brota por todos los poros del cuerpo.

Claro está que hay que quitar esa absurda idea de que el bautismo borra el pecado original, el cual es pura invención literaria. La historia de Adán y Eva no se contará más que para reír. Hay que decir que el bautismo es únicamente una "marca" de que se pertenece al cristianismo universal, que todo mundo puede darlo y que todo mundo puede salvarse sin él. Aprovechar la ocasión de ensalzar a los "santos" que viven en otras religiones diferentes a la cristiana... esto los hará sentirse culpables. ¡Excelente idea!

También el sacramento de la confirmación, que pretende que recibes al Espíritu Santo y no puede ser dado más que por un obispo debe ser eliminado con energía.

Esta actitud permitirá olvidar el dogma de la Santísima Trinidad, que es ofensivo para los judíos, musulmanes y algunas sectas de reciente creación. Por tanto, ya no será necesario bendecir el Santo Crisma el jueves santo... cosa que parece más magia que realidad.

Hay que remarcar que la fe puede sobrevivir sin ceremonias o signos exteriores en los que se manifiesta, y que si lo hace... es una fe más noble. También hará falta insistir más en las virtudes evidentes que vemos en los paganos, los judíos, los musulmanes y los comunistas... que el católico se avergüence al ver que hay mejores y más santos en las otras religiones.

En cuanto al Sacramento de la Penitencia, hay que reemplazarlo por una ceremonia comunitaria que no sea más que un examen de conciencia dirigido por un sacerdote capacitado en donde al final, se de una absolución general, como hacen ciertas iglesias protestantes. Los sacerdotes modernos podrán deshacerse del fardo de todas esas molestas e interminables horas de confesión. Escribiendo esto, me puse a pensar en mis desafortunados profesores del seminario, todos ya fallecidos en este momento en que escribo y que cargaron hasta la muerte... hasta llegar delante de su Dios, el conocimiento inútil del peligro que yo representaba para el porvenir de la Iglesia Católica.

En fin, estas confesiones comunitarias podrían tener lugar una vez al año en Pascua y Navidad. Algunos sacerdotes estarán bien entrenados en una sólida educación socialista porque será su objetivo, que mientras estén haciendo un examen minucioso de los pecados, dirijan los espíritus hacia el Marxismo. Los motivos de contrición serán únicamente su falta de justicia hacia los otros. Habrá que admitir que el cristiano es un hombre que tiene confianza en el hombre mismo. Cada uno se preguntará: ¿Los otros tendrán confianza en mí?

Dios permanecerá ausente y en silencio en esta ceremonia que ya no llevará más el nombre de "sacramento" (porque busco que esta palabra desaparezca del vocabulario). Tampoco hablaremos de las indulgencias y así, nadie va a conocer su significado exacto.

En cuanto al Sacramento de la Extremaunción, hay que encontrarle otro nombre. No será posible eliminarlo al inicio de nuestra Reforma, porque concierne a los más enfermos y esta propuesta no sería bien recibida, no obstante, habrá que ver que las nociones de vida eterna, de juicio, de paraíso, purgatorio e infierno sean opacados por el sólo deseo de sanar. Después de un tiempo, todos podrán ver que un médico no necesita de un sacerdote para ayudarlo a sanar el cuerpo.

Yo optaría por denominarlo, en lugar de "Extremaunción", llamarle "El Sacramento de los enfermos" y para que la vida eterna sea olvidada poco a poco, habrá que irlo administrando incluso a los que no están enfermos de gravedad.

No tengo mucha inquietud ni dudas al respecto, todos los sacramentos desaparecerán, las personas ya no tienen tiempo.

En cuanto al sacramento del Orden Sacerdotal que da poder para ejercer todas las funciones eclesiásticas... bueno ése sí hay que guardarlo evidentemente. En Nuestra Iglesia Universal, vamos a necesitar sacerdotes dispensadores de la santa doctrina social. Ellos podrán establecer fiestas y misas sirviéndose del folklor, porque el populacho lo necesita... fiestas dedicadas enteramente a un hombre sin ninguna referencia a un Dios cualquiera.

El matrimonio será un sacramento inútil a menos que sirva para hacer fiesta. Hay que dedicarnos a limpiar esas costumbres que tienen en algunos países retrasados de que el matrimonio católico es el único medio de matrimonio válido. No, la boda por el civil debe ser la única obligatoria. Además, esta Iglesia con bases tan autoritarias, ya no podrá prohibir el divorcio y el hecho de que los divorciados se vuelvan a casar.

Sé bien que el tal Jesús de Nazaret habló a este respecto, pero como ya lo he dicho, hay que saber escoger de entre lo que enseñó, a lo que conviene al hombre modelo. La indisolubilidad del matrimonio es una exigencia que impide la felicidad del hombre, y aquéllos que hablen acerca del bien del niño, ignoran que el niño estará mejor cuando pertenezca al Estado. Y claro está, el sacramento del matrimonio no será negado a los sacerdotes que lo soliciten, así como las mujeres que lo quieran podrán ser consagradas al sacerdocio.

Capítulo 14

Se demuestra cómo una Iglesia Universal debe cantar las Glorias del Hombre

Antes de proceder al estudio profundo del sacramento de la Eucaristía, envié lo que escribí acerca de los sacramentos al estudiante (para que lo codificara) y a "Cabellos Negros".

El estudiante estaba tan emocionado que me citó un día en la Universidad para enseñarme varios artículos. Enrojeciendo, me pidió mi apoyo para revisarlos y que fueran publicados sin errores. En principio, nosotros no debíamos hablarnos en público, pero yo creía que a causa de la guerra, podía tomar ciertas iniciativas así que estrictamente, dialogar abiertamente con el estudiante e intercambiar documentos no representaba ningún peligro real.

Estaba firmemente convencido de que cuando estuviera autorizado a tomar unos cursos en la Universidad, me iba a comprar una moto que me permitiera rechazar las ofertas de ser acompañado.

En fin, los artículos del estudiante eran simplemente admirables. Incluso sentí un asomo de celos porque yo no era escritor, y percibí de inmediato la influencia benéfica que tendrían esos artículos tan perfectamente escritos. Íbamos a lograr una colaboración ideal… yo con mis ideas presentadas fríamente en todo su rigor y esplendor, y el estudiante seleccionando las más notables o al menos, las que inspirarían artículos tan astutos.

Sentir mis ideas germinar y convertirse en flores literarias excitaba tanto mi genio… porque en este tándem[2], el genio era yo. El estudiante no era más que el talento.

Encontré fácilmente una revista que por una cuota mediana, aceptó publicar regularmente los artículos que le diéramos. Les pedí que fueran publicaciones para los países que no estuvieran en guerra para que fueran traducidos y repartidos. Aunque debo admitir que no tuvieron verdadero éxito sino hasta después de la guerra.

Como tenía más confianza en el estudiante que en el profesor que me habían impuesto mis jefes, decidí rentar un segundo buzón para darle la llave al estudiante. Como además, le pagaba muy bien, me admiraba como si fuera un Dios y hubiera muerto por mí.

Como "Cabellos Negros" no respondía, le enviaba regularmente los artículos del estudiante, acompañándolos de una pequeña carta afectuosa, donde le explicaba que ellos eran el reflejo de lo que yo pensaba.

---

[2] Unión de dos personas o dos grupos que realizan una misma actividad en equipo o que combinan sus esfuerzos para hacer algo.

"Cabellos Negros" finalmente se sensibilizó con los artículos del estudiante y me escribió para decirme que los artículos eran más simpáticos que mi trabajo tan brutal. Me reí para mis adentros porque los artículos no decían sino lo que yo había enunciado "brutalmente". Esto confirmaba mi idea de que el talento literario permite hacer que los humanos se traguen como chocolate cualquier tipo de nuevo proyecto.

Durante esas largas semanas, "Cabellos Negros" no me invitó a su taller a verla. Me enfurecía por esto cuando un día, encontré a aquélla que yo consideraba mía, en los pasillos de la Universidad. Había ido ahí para inscribirse en unas clases de arte antiguo. Se detuvo para decirme que me estaba preparando una respuesta a mi propuesta sobre el nuevo catecismo y que esperaba poderlo discutir amablemente conmigo. Discutir, discutir… no estaba acostumbrado a encontrar el menor obstáculo en donde lanzaba mis ideas… pero le dije que me daba tanta alegría volver a verla que aceptaba su deseo de discusión. Sin embargo, me hice el propósito de decirle que una mujer verdaderamente enamorada debe adoptar, sin que ello importe, todas las opiniones que el hombre de su corazón tenga.

Le dije que trabajaba en el sacramento de la Eucaristía para poder completar el nuevo Catecismo que le iba a enviar. Ella suspiró… y finalmente con lágrimas en los ojos se marchó sin contestarme nada.

Me gustaría escribir, al inicio de este trabajo tan

apasionante, la verdadera definición de la Eucaristía (bueno, la verdadera para los católicos, ya que los protestantes tienen muchas otras).

¿Qué es la Eucaristía? Todo niño debe responder: "La Eucaristía es un sacramento que contiene real y substancialmente el Cuerpo, Sangre, Alma y Divinidad de Jesucristo bajo las apariencias de pan y vino"… ¡Sólo eso! Ahora, había que trabajar en serio, no porque esta creencia no pudiera ser combatida, sino que había que ser muy prudente y no atacar de frente.

Lo que dice "presencia real de Cristo bajo las apariencias de pan y vino" debe ser atacado por medios sutiles y desviados. Si lo atacamos de frente habrá quien se rebele y nada sería más peligroso, porque es bien sabido que la persecución exalta la fe. Por eso, empezaremos por dejar en silencio la expresión "presencia real" e iluminar todo aquello que puede destruir o debilitar esta creencia.

Por esto, lo primero en la lista es cambiar las palabras de la Misa y también, sería bueno reemplazar hasta su nombre, así en lugar de "Misa" llamarle "Cena" o hasta "Eucaristía" (por ejemplo).

La renovación de la misa debe minimizar la importancia de lo que ellos llaman "Consagración" y de esta forma, dar a la comunión una apariencia más banal y superficial.

Es un largo proceso que no debe pasar por alto ningún detalle. Es muy notorio que el sacerdote cuando ofrece el sacrificio da la espalda a los fieles y se dirige a un Dios invisible y representado por el gran crucifijo que está frente a él... y así se convierte en escogido de Dios y representante de la gente que lo mira. Da una impresión de poder y de separación al mismo tiempo. Será bueno que los feligreses piensen que por esto pueden sentirse un poco perdidos y abandonados y por consiguiente se pongan contentos cuando el sacerdote celebre la Misa viendo hacia ellos.

Cuando empiecen a asimilar esta idea, ofreceremos la posibilidad de que el altar sea abandonado y en su lugar, podremos poner una mesa desnuda donde el sacerdote esté cara a las personas. Además, la parte del culto que concierne propiamente a la Eucaristía y que necesite de esta mesa, será acortada al máximo, mientras que la parte de la Palabra de Dios será alargada... es "vox populi" que los católicos son muy ignorantes en lo que concierne a la Biblia, por ende estas modificaciones les agradarán. No quiero decir que tener que oír largos extractos de la Biblia los harán felices porque no comprenderán nada, pero no importa que comprendan o no, al menos mientras la nueva generación de sacerdotes socialistas aún no esté lista.

Cada texto que conforma el Ordinario de la Misa será cuidadosamente comparado con los textos que usan los anglicanos y los luteranos, con el fin de promover un texto único con variables susceptibles para ser usadas por estas tres religiones. ¿Quién no es capaz de ver la ventaja que emanará de dar a las mismas palabras diferentes y opuestos significados? La unidad de espíritus se hará en un ambiente de ambigüedad (no se puede hacer de otra forma), ya que no hay otra alternativa: o es conversión o es ambigüedad. Yo elijo aquélla que me permita acabar con "la presencia real".

Cuando los católicos vean que los protestantes vienen a comulgar a sus misas sin estar "convertidos" ya no tendrán la menor confianza en su "presencia real" y entonces, procederemos a explicarle que la presencia no existe a menos que uno crea en ella... ellos se sentirán como los creadores de toda su religión y los más inteligentes entre ellos sabrán sacar las conclusiones necesarias.

Para atenuar aún más el concepto de "presencia real" hay que renunciar a todo protocolo y decoración. Adiós a las ricas vestimentas bordadas, no más música "sagrada" (es decir, nada de canto gregoriano) sino una música que se invente en el estilo de jazz. Adiós a la señal de la cruz, a las genuflexiones, a las actitudes de respeto y seriedad. Necesitamos lograr que los fieles se deshabitúen a arrodillarse, incluso cuando tomen la comunión. Habrá que pasar también a dar la comunión en la mano para que la idea de que está sagrada se evapore.

También podemos permitir que algunos fieles (designados previamente) comulguen bajo ambas especies, como los sacerdotes, porque aquéllos que no prueben el vino se sentirán tan celosos que querrán mandar a paseo su Religión (es lo que esperamos).

Además, será muy recomendable ya no decir la misa

entre semana, el mundo moderno no puede desperdiciar su valioso tiempo. Otro método magnífico será la misa a domicilio, antes o después de la comida. Seguro para estos tiempos, los padres y madres podrán ya recibir el Sacerdocio. ¡Cómo no ver la ventaja de esta práctica que elimina la necesidad de tener lugares tan caros para ejercer el culto!

Con la finalidad de profanar el culto, el sacerdote será inducido a decir la misa en lengua vernácula y en especial a recitar las palabras de la consagración como un cuento (que es lo que son en realidad). Sobre todo, no deberá pronunciar las palabras: "Este es mi Cuerpo, Ésta es mi Sangre" como si en serio tomara el lugar de Cristo para pronunciarlas... no, que todo mundo lo tome como un relato. Y con mayor razón, ya no se tratará de un "Sacrificio", es decir, ya no será un sacrificio incruento, renovación del sacrificio de la Cruz ya que ningún protestante acepta esto... por eso la Misa debe ser una "Comida en comunidad" por un mayor bien: la fraternidad humana.

Por lo demás, cuando la Iglesia Universal sea establecida, la Misa ya no tendrá razones para existir salvo en las familias más fanáticas. Siempre hay que entender que habrá este tipo de personas, pero si se quedan en sus casas, serán inofensivas.

Las oraciones del Ordinario de la Misa deben ser simplificadas lo más que se pueda, y pronto, conseguiré la autorización para no decir más que 3 partes de ella: el ofertorio, la consagración y la comunión.

Una vez que hayamos tenido éxito presentando textos muy diferentes y humanos, será bueno sembrar en la memoria de las futuras generaciones, que todo el conjunto de oraciones que componían la "Misa de San Pío V", no ayudaron más que a mantener a las multitudes en un oscurantismo medieval. La siguiente oración del Ofertorio es buena muestra de ello: "" Recibe, Padre santo, Dios eterno y Todopoderoso, esta Hostia inmaculada que, tu indigno siervo ofrezco, a ti que eres mi Dios vivo y verdadero, por mis innumerables pecados, ofensas y negligencias; y también por todos los presentes y a todos los cristianos vivos y difuntos para que a mí y a ellos nos aproveche para nuestra salvación y vida eterna… ". ¿Quién es capaz de mejorarlo?

Propongo que todos los monasterios trabajen en la elaboración de diferentes ofertorios, así como otros sacerdotes. Y dado que se trata de ofrecer pan, me parece muy justo decir únicamente: "Nosotros traemos este pan aquí, fabricado de mano del hombre y que debe servir para nutrirnos", ya que de todas maneras todas las palabras que puedan presentar esta ceremonia como sagrada van a ser eliminadas. Otro ejemplo: en la Misa antigua, siempre decimos: "Y Jesús tomó el pan en sus santas y venerables manos"… la palabra "santa" debe ser eliminada de nuestro vocabulario, ya no hablaremos de manos santas y venerables, diremos "tomar el pan, bendecirlo", etc. Es éste un buen ejemplo del espíritu en el que el trabajo debe seguir su curso. Por mi parte, yo no tengo tiempo por el momento, pero también aportaré una o varias misas creadas por mí, aunque esto es más bien un trabajo de monje.

Cuando la misa no esté conformada más que de tres partes, estará permitido agregar salmos, cánticos, lecturas y sermones según el gusto de cada uno.

Como esta Misa no guardará más que su función de "comida", es muy importante que la mesa sea lo suficientemente grande para permitir comer a doce personas. Siempre he encontrado ridículo que para comer, sean obligados a tener molestias y empujones (porque para formarte a recibir la comunión son empujones), aunque es su culpa... ¿Por qué llaman mesa a una simple barrera (comulgatorio)? Por eso, visualizo Misas llenas de mesas para doce personas. Algunos piensan que en la Última Cena eran trece, pero como todo mundo tiene miedo de esta cifra, adoptaremos la versión de que Judas se había marchado antes de partir el pan.

Esto, me lleva a la necesidad de "fabricar" más sacerdotes, aunque es fácil. Sólo hay que exigir buena voluntad, una buena conducta y no estudios interminables, ni celibato evidentemente. Aunque, si hay algunos que deseen ser castos, entonces los pondremos como monjes o ermitas (aquéllos que se dedican al estudio de la Teología). También tendremos muchas especies de sacerdotes. El más moderno será el hombre casado que diga la misa en su casa y para cada comida. Como la Misa ya no será más que la "Cena" ya no será un acto de adoración, sino de fraternidad. No dará gracias por favores ilusorios, no ofrecerá más un perdón que es incapaz de dar, no pedirá nada de lo misterioso... sino que le pedirá todo al hombre.

La Iglesia Universal será dedicada enteramente a la gloria del hombre. Exaltará su grandeza, su fuerza, su virilidad. Ella incensará sus derechos y cantará sus victorias.

Capítulo 15

"Cabellos Negros" escribe una carta digna de un oscurantismo medieval y romántico a la vez

Cuando terminé mis trabajos sobre el primer catecismo, recibí una larga carta de "Cabellos Negros", una carta que me dejó estupefacto. Decía:

"Querido,

Te agradezco la confianza que me tienes y que por ella, me muevo a abrirte mi corazón y sincerarme... ¿Qué dice este Corazón?... que te ama... eso ya lo sabes... y lo sabes bien.

Me parece que tu corazón desea verme compartir y aceptar todas tus ideas, pero yo no tengo esa pretensión, yo quiero solamente gritarte que eres una trampa mortal. Lee, lee, por favor te lo ruego, no te enojes y termina de leer, yo te digo: relee la Historia, la Iglesia es inmortal, pierdes tu tiempo, pierdes tus fuerzas. No se lucha contra Dios.

Si tú quieres, medita únicamente esto: no porque no creas en Dios, quiere decir que no existe. Esto debería ser fácil para ti, ya que tú lo crees en el sentido contrario. Tú imaginas que Dios no existe porque YO creo en él. Es verdad que creer o no, no importa, pero querido, todo lo que vive alrededor tuyo te grita y proclama la existencia de Dios.

¿Fabricaste tú las semillas? ¿Pusiste tú las Leyes? ¿Existe una sola hoja de una planta que sea obra tuya y por tanto de tu propiedad? Tú mismo no te perteneces... no pediste vivir ni nada de los dones que tienes.

Aún si tuvieras éxito en crear esta rara Iglesia sin Dios, no habrías ganado porque Dios no será disminuido, de ninguna forma, tú no puedes Disminuirlo o Matarlo. Lloro al verte ocupado en esta guerra tan pueril. Este Dios, que tú quieres borrar de todos lados, Maestro y Señor... pues es por Él que tú sigues viviendo.

Tal vez puedas sacudir y atacar a Su Iglesia, esto se ha visto muchas veces desde hace casi 2,000 años, pero siempre se ha levantado más bella y más fuerte. La Iglesia de Jesucristo, querido, tiene las Promesas de la Vida Eterna, Ella sabe y yo te lo digo por mi boca que la Santísima Trinidad no la abandonará jamás y que todos los ataques de los que sea víctima, no son sino pruebas que permiten purificar la fe.

Muchas almas, mi amor, cederán tal vez a la tentación de entrar en una Iglesia humanizada y que abrazará a todos los creyentes hasta el punto de hacerlos irreconocibles unos de otros, pero la Iglesia Católica permanecerá en pie... si tú la persigues, Ella se esconderá, pero su alma estará siempre en pie, porque en Ella lo que se distingue es la sumisión a una Revelación dada por el Cielo. Su dominio, su reino, al cual tú no estás nada acostumbrado, se basa en lo sobrenatural y santo. Poco importa que seamos inteligentes o no. Tú, pobrecito mío, tú eres muy inteligente.

Sufriste un golpe muy duro en tu infancia, no te pregunto cuál es... pero ¿no has alcanzado edad suficiente para mirar el pasado con una actitud serena? Me parece que inconscientemente buscas venganza... dime...

¿es una actitud noble?

Fuiste un joven muy piadoso hasta tus catorce años me dijiste, entonces, todo lo que mi carta te invita a meditar tú ya lo conoces. Si hubieras nacido en el ateísmo comprendería porqué para ti, escoger la fe sería radicalmente opuesto... pero temo que el odio hacia Dios y su Iglesia no sea sino la prueba de que no eres un simple rebelde, sino un rebelde creyente y se dice que son ellos los más implacables.

Te compadezco con todo mi corazón porque ya has perdido desde ahora y no tengo nada de miedo. Podrás ganar seguramente un cierto número de almas que te sigan en tus perversas doctrinas, quizá ganes una parte del clero (aunque me cuesta trabajo creerlo) pero jamás... jamás ganarás todas las almas, al contrario, ayudarás a fortificar a los santos. Y sí, querido y pobre mío, atacando a la Iglesia de Dios no eres más que un juguete en las manos del Todopoderoso.

Te crees fuerte, y no lo eres sino en la medida en la que

Dios te lo permite. Aterrorízate por el día en que el Señor diga: "Ya es suficiente, ya escuché las plegarias de los que sufren y he decidido reconfortarlos destruyendo a mis enemigos..." El enemigo de Dios corre el riesgo de serlo por toda la eternidad para su gran desesperanza, pero entonces, será tarde.

Actúas como si la Iglesia Católica tuviera la fuerza de cualquier institución humana pero nosotros, nosotros tenemos en nuestras manos el poder suficiente para mover todas las montañas del universo. Incluso si nos asesinas, no destruirás las fuerzas que son nuestra prerrogativa.

Cuando estás cerca o lejos de mí, Cristo está entre nosotros. Le hablo, Él te mira... ¡Y cómo te mira! Y cómo sería capaz de no hacerlo si le hablo de ti hasta en mis sueños. ¡Te crees libre, te crees fuerte! ¡Qué gran error el tuyo!

Aún si yo debiera morir hoy, puedes estar seguro de que lucharía contra tu libertad, al menos en el sentido contrario de como tú lo piensas... y opondré a la fuerza que tú crees representar, la misma fuerza de Dios.

No sonrías querido, no sonrías. Acuérdate de tu infancia, verás que conoces bien esta Fuerza invisible pero indudable... y también esta Fuerza tan amable.

Mi corazón y mi alma poseen poderes inagotables e indestructibles, piensa con calma, quita de tu mente todo lo que tu pasión te dicte... no seas voluntariamente sordo ni voluntariamente ciego... no es digno de un hombre de honor... ve que tú has volcado tu corazón en un amor basado en el odio, el odio hacia Dios. ¿No sabes que el odio es a menudo el grito de un amor decepcionado?

Estoy segura de que Dios te ama con un amor particular y te espera con su acostumbrada paciencia. Y aunque por el momento, no quieras rezar a este Dios de Bondad, yo tomo tu lugar y en tu nombre, miles de veces al día, le ofrezco al Señor Todopoderoso los méritos de Su Hijo, los de la Santísima Virgen María y los de todos los santos conocidos o no... ofrezco con alegría y confianza mi día e incluso la noche.

Quieres transformar la Misa y reducirla a una comida en comunidad... ¡Qué burla! Misas hemos tenido millones desde aquélla primera el Jueves Santo, Misas que suben como incienso para adorar cada segundo y duran todo el día y a las cuáles me uno en esos adorables sacrificios donde el Hijo se ofrece de nuevo para la salvación del mundo...

Me uno y me ofrezco a Él... yo que soy pequeña... a pesar de que la oferta parece irrisoria pues en comparación con Él no soy nada. Y así es, no soy nada... cada uno de nosotros lo sabemos bien y aquéllos que no lo saben son dignos de ser compadecidos... ésa es la diferencia entre creyentes y no creyentes. Los creyentes ofrecen lo que han recibido y que es mucho... los no creyentes quieren solamente reinar, gobernar, descubrir, dominar e incluso destruir.

Cuando me ofrezco con Él en el Santo Sacrificio de la

Misa, ofrezco todo lo que me ha dado, le hago regalo de sus Propios Dones y caridades como homenaje a su gratitud. Si tan sólo pudieras saber los intercambios amorosos que se dan entre el Cielo y nosotros, estarías paralizado de terror porque serías consciente de la burla de tus actos. Sólo me queda llorar y aún cada lágrima la ofrezco como perla valiosa.

Sufriste y por eso te rebelaste, pero si hubieras mirado un Crucifijo y le hubieras suplicado humildemente el Señor te hubiera otorgado la Paz y la fuerza de perdonar, hubieras experimentado una tal dulzura que espontáneamente le hubieras agradecido por el dolor que te permitió sufrir, porque entenderías que ese dolor fue un regalo benéfico porque Dios te trata como a su vid querida y te poda de la mejor forma para que des fruto (¿qué no ves que la vid jamás se poda ella sola?).

Pero... ¿qué frutos dará la obra que has emprendido? Frutos de amargura, de soledad y desesperanza.

¿Crees que soy la única que luchará contra ti? No, porque mis plegarias son escuchadas y transmitidas por el inmenso cortejo de todos los que nos esperan en el paraíso.

No te rías, la inmortalidad del alma es la única cosa que nadie, ni siquiera tú, podrá destruir. La inmortalidad del alma... y piensa siempre mis palabras, porque ellas te quieren decir que la muerte no existe. Estaría bien que en todas las casas estuvieran estas palabras gravadas en oro en la sala común porque así, las personas, en lugar de temer a la muerte o de simplemente odiar la idea, sabrían que la muerte definitva no existe, sino que es el inicio de la vida eterna.

Querido, preferiría antes saber que no me amas en esta tierra que de saber que estarás toda la eternidad en el infierno, donde la lágrimas no se secan jamás..."

Capítulo 16

El sacrificio de una dulce amiga parece ahogarse en el torrente que se apresta a renovar a la Iglesia

Mi única respuesta a esa carta insensata de "Cabellos Negros" fue una recrudescencia de mi celo anti apostólico.

En esta época, donde nos aproximábamos al fin de esa estúpida guerra, preparaba un gran número de ataques para los cuales vislumbraba una victoria completa en treinta años como máximo. Soñaba con el año 1974 donde pensaba poder festejar el nacimiento de esta Iglesia Universal sin Dios.

Mi odio por lo sobrenatural alimentaba más y más mi genio con increíbles fuerzas que me hacían redoblar mi trabajo. Porque no hay que olvidar que estudiaba la Teología y que era importante que tuviera muy buenas notas. Debía ser el mejor en todo, cosa que me hacía reír y reforzaba mi convicción de que un Dios que no se da el tiempo de defenderse ni defender a sus fieles no existe.

La palabra "sobrenatural" esconde todo lo que el hombre no entiende, bajo velos que se mueven irradiados por relucientes colores y estaba determinado a destruir este maligno teatro. Encargué al Partido iniciar los trabajos para quitar del Nuevo Testamento todo lo que no es perfectamente natural ni explicable, lo cual es un trabajo fuerte y útil, ya que el Mismo Cristo cree en su propia divinidad, al menos si aceptamos las declaraciones que se le atribuyen. Pero como es imposible distinguir entre lo que realmente dijo y entre lo que los evangelistas han dicho, sólo tenemos que rechazar todo lo que es repugnante a la sana razón.

Como ya lo he dicho, la acción más viril y marxista me parece aquélla que ataca desde la infancia y se aprovecha de esos cerebros maleables.

Con la convicción más ardiente lanzaba órdenes concernientes a la libertad de cada individuo, liberado de todo lo que le debe ser enseñado desde que aprende a caminar y hablar. Es escandaloso, verdaderamente escandaloso que los padres son tan arrogantes que se crean con el derecho de obligar a los niños a ir todos los domingos a Misa. Igual de escandaloso es, que los inscriban en el catecismo sin preguntarles si están de acuerdo o no. De ahí se desprende la obligación de estos pobres pequeños de ir a comulgar, en lugar de ir a jugar como ellos preferirían. ¡Y qué decir del bautismo que les es impuesto desde la cuna! Desde ahí empieza el verdadero escándalo.

Propuse una enérgica campaña de información a los jóvenes. Dejemos que todo el mundo se dedique, en la iglesia, en la catequesis, en la escuela, en la radio, con el fin de que todos los niños del mundo sean informados de su derecho absoluto a decir "NO " a sus padres, cuando quieran hacer que se conviertan en pequeños cristianos obedientes e hipócritas.

Afortunado el día en que miles de niños digan abierta y contentamente: "Yo no soy cristiano, yo no creo en Dios. No soy tan ingenuo como mis padres que son un par de viejos buenos para nada"

A pesar de todo ardía en deseos de ver de nuevo a "Cabellos Negros" y este deseo se cumplió sin que tuviera que rogar humildemente. Recibí una invitación de ella, diciéndome que tenía una propuesta que hacerme.

Un sábado donde el sol brillaba con ardor juvenil, me dirigí como bólido al taller donde ella me esperaba. ¿Quién podría alguna vez entender lo que para mí significaban estas palabras "Cabellos Negros me esperaba"?... Significaban tanto para mí... sus hermosos cabellos negros que me hubiera gustado cortarlos para que nadie más los pudiera ver... ¡cortarlos! ¡Pero qué idea tan criminal me había atravesado la cabeza!

Ella con todo amor y dulzura me dijo que tenía una propuesta que hacerme... casi tiemblo. Pero se trataba únicamente de que ella quería dibujar mis manos que le parecían admirables. Verdaderamente las mujeres tienen ideas absurdas pero encantadoras. Con una paciencia que hasta los ángeles (si existieran) me envidiarían, posé durante toda la tarde... y fue solo por las manos.

Los bocetos fueron rápidamente dibujados y se agolpaban unos sobre otros en el piso... me parecía estar en una especie de euforia que se debe llamar "felicidad" supongo… al menos después de ésta no recuerdo haber vuelto a sentir nada igual.

Y no creo que nadie me crea, pero nuestra unión fue tan perfecta y tan fuerte en esas horas que dudo mucho que la simple unión física nos hubiera hecho sentir igual.

Cuando tuvo suficientes bocetos, mi dulce enemiga me explicó que mis manos eran "parlantes" y que estaban destinadas seguramente a hacer grandes cosas. Estaba avergonzado porque la verdad es que parecía que mis manos tenían un gusto por la muerte y el asesinato.

Esa tarde, ella me permitió despeinar sus hermosos cabellos para jugar con ellos. Intenté algunos peinados, los trencé, los enrollé y después los cepillé con mucho cuidado, como si ya nunca los volvería a ver, como si los preparaba para un doloroso sacrificio.

¿Por qué tenía esa sensación extraña ese día? Todo el día fue bastante extraño, aún hoy, no me puedo explicar de dónde habían venido estos sentimientos.

Nos separamos con una dificultad trágica "Hasta el próximo sábado" decíamos, como si esta esperanza debiera estar inscrita en unas memorias proféticas, como si en ésta encontráramos la única salvación, como si de antemano quisiéramos superar las barreras que nos separaban…

¡Superar las barreras! Y yo, había olvidado por completo que a partir del siguiente sábado debía entrar en un retiro puesto que ya iba a recibir las Órdenes en unos pocos días.

Cuando lo recordé, tuve que escribir a "Cabellos Negros" para inventar una pequeña mentira, aunque me hubiera gustado agregar que me marchaba a Roma y que esperaba que ella me fuera a buscar allá. ¿Pero cómo podía atreverme a hablar de ello como si fuera algo simple? Todo me gritaba que iba a entrar en una esclavitud peor que aquélla que yo había sufrido seis años en el seminario. En Roma, sería engullido por el engranaje de la Ciudad llamada Eterna, estaría atrapado, pero me consolaría en recordar que yo era el grano de arena que debe arruinar la máquina tan bien que ya nunca más pudiera ser reparada.

Entré en mi retiro para prepararme a la última ceremonia que me convertiría en un sacerdote por toda la eternidad. No sufría por esta perspectiva porque no creo en la eternidad. Era para mí simplemente un mal momento, como cuando vas al dentista y es por una causa justa. Lo importante es tener fe, y la mía era digna de ellos. ¿Qué estoy diciendo? La mía, superaba la de ellos porque no era infantil, llena de miedos y terrores.

El gran día llegó por fin, como dicen los periodistas. Estaba tranquilo. Muchos se esforzaban por reemplazar a mi familia ausente, cada uno rivalizando con el otro con su gentileza. Cuando entré en la capilla, era un modelo perfecto de humildad y modestia… virtudes que son fáciles de fingir cuando un orgullo mayor y secreto es quien las dirige.

Caminaba tranquilamente con los ojos bajos cuando se escuchó un grito, seguido de exclamaciones y un desorden a mi izquierda. Normalmente no debería haber mirado, pero desobedecí a mi conciencia (la que yo me imponía y manipulaba con alegría) y voltee. Vi a dos hombres sosteniendo a una joven que estaba desmayada. El velo se había caído y los largos cabellos negros estaban despeinados sobre el suelo de la capilla.

Cuando moví mis ojos lejos de esta escena, se me cruzó la mirada con el profesor que me servía como buzón y era uno de mis dos "ayudantes". ¿Qué hacía él ahí? ¿Era él quien había traído a "Cabellos Negros"? Durante este intercambio breve, me pareció leer en él un cruel triunfo. Me prometí averiguar la verdad y de hacerle pagar muy caro a aquél que hubiera cometido esa infamia.

El resto del día la pasé en una niebla dolorosa. Todos los presentes podrían haber hecho suposiciones acerca de mí y tener dudas pero no me importó. No tenía el mínimo deseo de parecer honorablemente piadoso y oír voces suaves profetizando mi futura santidad.

Afortunadamente, el estudiante vino a saludarme. Era mi único amigo. Le conté lo sucedido y le pedí que averiguara lo ocurrido... quería saber, quería asesinar, quería gritar, defenderme y defenderla, especialmente defenderla pero ya era muy tarde... demasiado tarde. Si hubiera tenido el coraje de contárselo yo mismo, tal vez me hubiera aceptado y hubiera sufrido en silencio y amarme a escondidas.

Los siguientes días preparé un viaje a Estados Unidos, donde iba a visitar a las sectas protestantes más importantes a fin de conocerlas y saber cómo maniobrarlas. Hasta ese momento había negado que existía una sólida fe anclada en el mundo protestante, pero necesitaba conocer bien este aspecto del problema para poder continuar mis estudios en Roma.

Justo antes de mi partida, el estudiante vino a contarme una noticia que me iba a ocasionar mucho sufrimiento: ¡la entrada de "Cabellos Negros" al Carmelo! Ahí estaba por mí, se haría cortar la cabellera por mí, rezaría toda su vida por mí, estaría entre barrotes por mí, no tendría jamás otra alegría amorosa... y todo por mí. No sabía si hubiera preferido que se muriera.

En todo caso, me juré que haría abrir y vaciar todos los monasterios del mundo, en especial los contemplativos. Lanzaría una campaña ardiente contra los barrotes e incluso hice llegar al Papa algunas súplicas por mediación de religiosas muy ingenuas. Le hice observar que los barrotes habían sido necesarios para que las jóvenes que ingresaron a la fuerza por sus padres no se salieran... era para impedir que huyeran y era por ello que existían dobles rejillas reforzadas con persianas de madera. Lo hice para que un vestigio de aprisionamiento "divino" fuera abolido. Invoqué, sobre todo, el sentido del honor de estas vírgenes consagradas, con el fin de que fomenten el santo deseo de permanecer en sus casas de clausura libremente abiertos a todos. En seguida fui más lejos, suplicando a las religiosas que volvieran al mundo, que necesitaba de su presencia. Las persuadí de que ellas harían un mayor bien si no se vistieran como para mostrar lo que realmente eran.

Hubo suficientes escritores para redactar libros completos en torno a este tema, con un vocabulario muy admirable. También luché con uñas y dientes para que las monjas enclaustradas no fueran obligadas a cortarse el cabello. Remarqué que sus cabezas rapadas se veían ridículas cuando por alguna ocasión debían ir al hospital. Insistí que las vocaciones jóvenes se sentían perdidas en estas costumbres de la edad media. Ataqué fuertemente todas las costumbres antiguas y solemnes, así como poco eficaces en invierno. Sugerí que todas las Reglas y Estatutos fueran revisados cuidadosamente por hombres (las mujeres tienen una cierta tendencia a la exageración en la generosidad).

Pero, cuando contemplaba la universalidad de mi trabajo siempre me encontraba con un obstáculo silencioso tan pequeño a comparación del cosmos… una modesta y secreta carmelita de la cual nunca recibía carta. De extremo a extremo del mundo siempre la encontraba. Por un lado estaba el mundo y por el otro esta prisión… y aunque tenía el control sobre el primero, era a mi vez, prisionero del segundo.

Sin embargo, mi trabajo no se afectó sino todo lo contrario. Paradójicamente, me sentía hervir de rabia al constatar la inutilidad del sacrificio de "Cabellos Negros". ¡Un sacrificio tan entero y tan vano!

Mi trabajo funcionaba en un ritmo monótono cuando un rumor concerniente a la posible apertura de un Concilio Universal vino a excitar mi celo. Supe que había unos "esquemas" en vía de preparación por orden del Papa. Convencí a mis superiores de que un papel definitivo sería jugado y por ello, fui ascendido a un puesto más alto. Todo dependía de mí y mis fondos eran prácticamente ilimitados. Financié revistas de izquierda, así como un gran número de periodistas, quienes hicieron un excelente trabajo.

Toda mi esperanza reposaba principalmente en los "contra-esquemas" de los cuales había yo sugerido la elaboración a través de unos teólogos muy avanzados y astutos. Pienso que era la ambición quien los guiaba, es el más fuerte de todos los motores.

Tuve éxito al procurarme copias de todos los esquemas oficiales, los que había hecho el Papa. Para mí eran catastróficos, absolutamente catastróficos con cada letra de ambas palabras. Incluso, hoy, muchos años después del fin del Concilio me dan escalofríos (frase tonta que uso por pereza). Si estos esquemas hubieran sido editados y repartidos por el mundo, absolutamente todo mi trabajo se reduciría a cero (o casi).

En fin, gracias a mi celo, y en especial a todo el dinero que repartí como si fuera inagotable, los esquemas modernistas (tímidamente modernistas debo admitir) fueron aportados en secreto al Concilio y presentados con astucia con la finalidad de reemplazar a los oficiales, los cuales no habían sido elaborados dentro de una plena libertad, la santa libertad de los hijos de Dios (como ellos dicen).

Este truco de prestidigitación de la mano llenó a toda la Asamblea de un asombro tal, que aún no han superado y que nunca lo harán. Esto prueba que la audacia siempre se puede pagar. ¿No es lo que decía Danton?

Sin embargo, no estoy satisfecho. Este Concilio no fue lo que yo esperaba. Habrá que esperar al Concilio Vaticano III. Ahí la victoria estará completa. Pero en lo que respecta al Concilio Vaticano II no entiendo qué pasó. Habría que decir que un demonio invisible vino a detener todas las propuestas de modernización justo en el momento exacto donde se habrían vuelto eficaces. ¡Extraño y exasperante!

Afortunadamente, a partir de ahí encontramos otra astucia, la de escondernos detrás del "espíritu del Concilio" para lanzar todo tipo de innovaciones emocionantes. Esta expresión: "El espíritu del Concilio" se ha convertido para mí en el maestro del triunfo.

Hoy, o corto y recorto, o lanzo al maestro del triunfo que me permite atraer a los pequeños corazones perdidos, a los pobres sin dinero y a los pequeños desarmados. Pero no es sino hasta Vaticano III donde me podré presentar con martillo y clavos, pero no para clavar a Dios en Su Cruz sino para clavarlo para siempre en Su Ataúd.

Fin.

* * *

El portafolio no contenía esquemas concernientes al Concilio Vaticano III y por tanto es probable que esos textos existan y estén siendo estudiados, comparados, modificados...

Algunas anotaciones breves en un pequeño cuaderno, en ruso y que pedí que me fueran traducidas con discreción, me sirvieron como indicadores de los proyectos que tenía en su futuro mi hombre herido.

Así es que, para personas como Miguel, el Concilio Vaticano II no fue más que un ensayo del cual los libros de Historia guardarán apenas un recuerdo. Pero el Concilio Vaticano III sellará la alianza del cristianismo y del marxismo, y el cambio más notable será la pluralidad de dogmas religiosos y el carácter inflexible de los dogmas sociables.

Todas las religiones, cristianas o no, formarán una vasta Asociación que será reducida a un denominador común: "La Magia" y darán al subconsciente (al menos de los más astutos) un poder verdadero que será maniobrado por los Puros (es decir, los marxistas).

Lo sorprendente es que nadie ha venido a reclamar los papeles de Michael, al menos hasta hoy. Claro que compró el coche bajo un nombre falso y probablemente nunca le informó a nadie sobre su viaje.

No sé dónde esté "Cabellos Negros", tal vez esté aun

rezando en un Carmelo en donde la Superiora haya optado por seguir con la Fe de los viejos días.

Tal vez este libro logre entrar discretamente en su Carmelo y caiga en sus manos. Que "Cabellos Negros" sepa que yo también rezo por Miguel.

ÍNDICE

derecho sobre los hombres con quienes se encuentra

Capítulo 11:
El trabajo destructor parece tener grandes progresos mientras enfrenta barreras ridículamente infantiles

Capítulo 12:
El catecismo del año 2000 y un pobre pero celoso estudiante

Capítulo 13:
El símbolo de los apóstoles y los siete sacramentos son severamente censurados

Capítulo 14:
Se demuestra cómo una Iglesia Universal debe cantar las Glorias del Hombre

Capítulo 15:
"Cabellos Negros" escribe una carta digna de un oscurantismo medieval y romántico a la vez

Capítulo 16:
El sacrificio de una dulce amiga parece ahogarse en el torrente que se apresta a renovar a la Iglesia

Made in United States
Troutdale, OR
10/29/2023

14093531R00076